옛서 동안의 만나 상

이재록 목사

우림

"내가 곧 생명의 떡이로라
너희 조상들은 광야에서 만나를 먹었어도 죽었거니와
이는 하늘로서 내려오는 떡이니 사람으로 하여금 먹고 죽지 아니하게 하는 것이니라
나는 하늘로서 내려온 산 떡이니 사람이 이 떡을 먹으면 영생하리라"

요한복음 6장 48~51절

거친 광야 같은 이 세상에
신령한 만나를 내려 주시는 하나님 사랑

'황량하고 메마른 땅, 거친 바위 사이로 온갖 위험이 도사리는 곳'
우리가 쉽게 떠올리는 광야의 이미지입니다. 하지만 성경에 나오는
광야는 살아 계신 하나님을 만날 수 있는 곳이요, 하나님께 속한 권능과
사랑의 숨결을 체험하며 인간 경작을 받는 곳이라 할 수 있습니다.

하나님께서는 애굽에서 종살이하던 이스라엘 백성을 해방시켜 젖과
꿀이 흐르는 가나안 땅으로 인도하기 원하셨습니다. 이러한 축복의 땅에
들어가기 위해서는 '광야'라는 여정을 거쳐야 했습니다.

이스라엘 백성은 출애굽 과정을 통해 애굽에 열 재앙이 임하는 것을
보았고, 낮에는 구름기둥 밤에는 불기둥으로 인도하시는 하나님의 사랑
도 체험했습니다. 또한 눈앞에서 홍해가 갈라져 자신들은 마른 땅으로
건넜으나 애굽 군대는 수장되는 것도 보았습니다.

그런데도 막상 광야에서 목마름과 배고픔이라는 현실에 맞닥뜨리자
이들은 하나님을 원망합니다. 심지어 자신들이 압제받던 애굽에서 살던

때가 좋았다고까지 합니다. 하지만 하나님께서는 이들을 외면하지 않으셨습니다. 모세의 기도를 들으시고 하나님 권능으로 쓴물을 단물로 만들어 마시게 하셨고, 만나와 메추라기를 보내 배불리 먹게 하셨습니다.

이스라엘 백성이 40년 광야생활을 하면서 먹었던 '만나'는 단지 육의 생명을 보존하기 위한 것이었습니다(출 16장). 그런데 오늘날 세상이라는 또 다른 광야를 살아가는 우리에게 하나님께서 주시는 것은 '영적인 만나'입니다. 곧 하나님의 말씀이며, 말씀이 육신을 입고 이 땅에 오신 예수 그리스도로서 이는 우리에게 영원한 생명을 줍니다.

"내가 곧 생명의 떡이로라 너희 조상들은 광야에서 만나를 먹었어도 죽었거니와 이는 하늘로서 내려오는 떡이니 사람으로 하여금 먹고 죽지 아니하게 하는 것이니라 나는 하늘로서 내려온 산 떡이니 사람이 이 떡을 먹으면 영생하리라"(요 6:48~51)

하나님께서는 이스라엘 백성이 광야생활을 하는 동안 변함없이 만나를 내려 주시되 엿새 동안은 거두게 하시고 제칠 일은 안식하게 하셨습니다. 엿새 동안에 천지 만물을 창조하시고 제칠 일에 안식하셨듯이(창

2:2~3) 이스라엘 백성에게도 안식을 누리게 하신 것입니다. 오늘날은 주일을 거룩한 안식일로 지키고 있습니다. 성도들은 주일이 되면 교회에 모여 하나님께 경배하며 하나님의 말씀을 듣습니다. 하늘의 신령한 양식을 먹으며 하나님과 교통을 이루고 성도들과 교제를 나눕니다.

그러면 엿새 동안은 힘써 일만 하면 되는 것일까요? 그렇지 않습니다. 하나님께서 엿새 동안 만나를 비같이 내려 주셨으니 우리도 엿새 동안 힘써 일하며 하나님 말씀을 읽고 묵상하며 불같이 기도해야 합니다. 만나를 내려 주신 하나님의 사랑을 느끼며 하루하루 삶 속에서 하나님 말씀대로 행해 나갈 때 반드시 축복의 결실을 얻을 수 있습니다.

저는 살아 계신 하나님을 만나 주의 종으로 부름 받은 후, 하나님의 깊은 마음과 뜻을 더 알기 원하여 수없는 금식과 철야기도를 드렸습니다. 이를 기뻐 받으신 하나님께서는 성경 66권에 기록된 창조의 근본 섭리, 십자가의 도에 담긴 비밀, 천국, 지옥, 믿음의 분량, 영혼육 등 깊은 영의 세계에 대해 자세히 알려 주셨습니다.

이처럼 하나님이 주신 신령한 만나를 전 세계 영혼들에게 먹이니 어둠이 물러가고 지옥과 같았던 가정에 천국 소망이 가득하며, 우울증을 비롯하여 각색 질병을 치료받아 삶의 낙을 찾았다고 간증하는 분들이 얼마나 많은지요. 생명의 말씀과 불같은 기도로 영혼이 잘되는 만큼 범사가 잘되고 강건한 축복이 임하는 것입니다.

최근에 대학 교수 한 분이 등록하셨습니다. 10여 년간 영적 갈급함으로 방황하다가 우연히 저의 설교를 접하고 마치 밭에 감추인 보화를 발견한 듯 기뻤다고 합니다. "그동안 갖고 있었던 의문들이 시원하게 해결되니 주님의 사랑이 피부에 와 닿습니다. 그 즐거움에 시도 때도 없이 눈물이 납니다." 고백하며 희열에 찬 삶을 살아가고 있습니다.

태국의 목사님 한 분은 왼쪽 다리에 이상이 있었는데 『십자가의 도』 책자를 읽으며 '채찍에 맞고 피 흘리신 예수님' 대목에 큰 은혜를 받고 치료의 역사를 체험했습니다. 이후 자신이 은혜받은 말씀을 가르쳤더니 성도들의 신앙도 달라졌다고 기뻐하셨습니다.

이처럼 하나님께서 주신 '영적인 만나'는 영혼을 소생케 하며, 하나님의 깊은 사랑으로 삶을 변화시키는 등 놀라운 역사를 일으키고 있습니다. 특히 성경공부 교재 및 매주 구역예배 공과로 활용할 수 있도록 제작된 『엿새 동안의 만나』 책자는 발간 이후 25년간 수많은 영혼을 거친 광야

같은 이 세상에서 젖과 꿀이 흐르는 가나안 땅으로 인도해 왔습니다. 이제 새해를 앞두고 전 세계 만민이 함께 영원한 천국을 향해 힘차게 달려갈 수 있도록 『엿새 동안의 만나』 개정판을 발간합니다.

1부에는 영원히 사랑을 주고받을 수 있는 참 자녀를 얻기 위해 하나님의 형상을 따라 사람을 창조하시고 경작하시는 삼위일체 하나님의 사랑을 담았습니다. 2부와 3부에서는 인간 구원의 길인 예수 그리스도, 곧 만세 전에 감추어진 비밀인 십자가의 도에 대해 설명하며, 4부에서는 참 믿음으로 온전한 구원에 이르는 구체적인 방법론을 알려 줍니다. 5부는 믿음의 분량과 천국의 처소에 대해 다뤘고, 6부는 절기에 관한 내용으로 구성하였습니다.

하늘의 신령한 만나를 귀한 책자로 발간할 수 있도록 인도하신 아버지 하나님께 모든 감사와 영광을 돌리며, 주 안에서 수고해 주신 빈금선 편집국장님과 도서출판 우림북에도 감사의 마음을 전합니다.

2014년 12월, 새해를 앞두고
겟세마네 기도처에서 이재록 목사

목차

발간사   5

Part 1   하나님의 사랑   15

Chapter 1   창조주 하나님
Chapter 2   사람을 경작하시는 하나님
Chapter 3   선악과를 두신 이유
Chapter 4   토지 무르기에 합당한 예수 그리스도
Chapter 5   만세 전에 감추어진 비밀

Part 2   십자가의 도   59

Chapter 6   나무 십자가에 달리신 예수님
Chapter 7   십자가에 달려 물과 피를 다 쏟으신 예수님
Chapter 8   예수님의 겉옷을 나누고 속옷을 제비 뽑게 하신 섭리
Chapter 9   온몸에 채찍을 맞고 피 흘리신 예수님
Chapter 10   가시 면류관을 쓰고 손과 발에 못 박히신 예수님

Part 3   가상칠언   103

Chapter 11   가상칠언 (1)
Chapter 12   가상칠언 (2)
Chapter 13   가상칠언 (3)

Part **4**   온전한 구원의 길   131

　　　Chapter 14   물과 성령으로 거듭나야 구원
　　　Chapter 15   인자의 살을 먹고 피를 마셔야 영생
　　　Chapter 16   빛 가운데 행할 때의 축복

Part **5**   믿음의 분량   159

　　　Chapter 17   육적인 믿음과 영적인 믿음
　　　Chapter 18   구원받기 위한 믿음의 1단계
　　　Chapter 19   말씀대로 행하려고 노력하는 믿음의 2단계
　　　Chapter 20   말씀대로 행할 수 있는 믿음의 3단계
　　　Chapter 21   하나님을 지극히 사랑하는 믿음의 4단계
　　　Chapter 22   하나님을 기쁘시게 하는 믿음의 5단계

Part **6**   절기를 위한 만나   211

　　　Chapter 23   새롭게 하소서_신년 감사 주일
　　　Chapter 24   부활의 영적인 의미_부활절
　　　Chapter 25   영적인 어린아이_어린이 주일
　　　Chapter 26   성령 강림과 초대교회_성령 강림절

목차

Part 1   참 믿음을 소유하려면

　　　　Chapter 1   모든 생각과 이론을 깨뜨리자
　　　　Chapter 2   믿음의 씨앗을 심자
　　　　Chapter 3   참마음과 온전한 믿음을 소유하려면

Part 2   할 수 있거든이 무슨 말이냐

　　　　Chapter 4   구하라, 찾으라, 두드리라
　　　　Chapter 5   어떻게 해야 응답을 받는가
　　　　Chapter 6   할 수 있거든이 무슨 말이냐
　　　　Chapter 7   불의 응답을 받은 엘리야

Part 3   영원한 것을 위하여

　　　　Chapter 8   영원한 것을 위하여
　　　　Chapter 9   천국 잔치에 초청받은 사람들
　　　　Chapter 10   자기의 소유를 다 팔아
　　　　Chapter 11   신부단장을 잘하자

Part 4 행한 대로 갚아 주리라

Chapter 12 천국은 침노를 당하나니
Chapter 13 처소와 면류관
Chapter 14 달란트 비유
Chapter 15 열 므나 비유
Chapter 16 행한 대로 갚아 주리라
Chapter 17 다시 오실 주님

Part 5 참된 그리스도인의 삶

Chapter 18 사람의 본분을 찾자
Chapter 19 죽어지는 밀알이 되자
Chapter 20 네가 나를 사랑하느냐
Chapter 21 성령의 열매를 맺자
Chapter 22 온 집에 충성한 모세
Chapter 23 의를 위해 핍박받은 사도 바울

Part 6 절기를 위한 만나

Chapter 24 맥추절을 지키라_맥추절
Chapter 25 하나님께 감사_추수감사절
Chapter 26 포근한 사랑_성탄절

Part 1

하나님의 사랑

Six-day Manna

"하나님이 우리를 사랑하시는 사랑을

우리가 알고 믿었노니 하나님은 사랑이시라

사랑 안에 거하는 자는 하나님 안에 거하고

하나님도 그 안에 거하시느니라"

요한일서 4:16

Chapter 1

창조주 하나님

창조론과 진화론의 차이점을 알고
창조주 하나님을 믿을 뿐 아니라
천지 만물을 창조하신 사랑과 섭리를 깨닫게 한다.

읽을 말씀: 창세기 1:1
　　　　　태초에 하나님이 천지를 창조하시니라

외울 말씀: 창세기 2:7
　　　　　여호와 하나님이 흙으로 사람을 지으시고
　　　　　생기를 그 코에 불어넣으시니 사람이 생령이 된지라

참고 말씀: 로마서 1:20
　　　　　창세로부터 그의 보이지 아니하는 것들
　　　　　곧 그의 영원하신 능력과 신성이
　　　　　그 만드신 만물에 분명히 보여 알게 되나니
　　　　　그러므로 저희가 핑계치 못할지니라

어린 시절부터 '하나님은 살아 계시고 창조주이며 전지전능하신 분'이라는 사실과 하나님의 말씀인 성경을 배운다면, 진리를 알고 창조주 하나님을 믿는 일이 별로 어렵지 않습니다.

오늘날 대다수의 사람이 교과과정에서 진화론의 영향을 받으며 살아가지만 세계적인 스테디셀러인 성경을 보면 하나님의 창조 역사가 구체적이면서도 명확하게 나옵니다. 특히 창세기 1장에 "태초에 하나님이 천지를 창조하시니라" 하시며 창조주 하나님께서 지구를 창조하신 대략의 과정과 우주 만물을 비롯해 사람을 창조하신 역사를 설명하고 있습니다.

1. 천지 만물을 창조하신 하나님

창조론은 하나님께서 친히 우주 만물을 설계하고 창조하셨다는 이론입니다. 그래서 피조물인 사람은 하나님 중심으로 그분의 뜻을 좇아 하늘나라에 소망을 두고 살아야 한다는 신본주의(神本主義) 사상이지요. 반면 진화론은 모든 생물이 무생물로부터 자연 발생하여 하등에서 고등으로, 동종에서 이종으로 진화되었다고 주장합니다. 그래서 유인원이 진화되어 사람이 되었다고 고집하는 것을 볼 수 있습니다.

여러분은
인생의 목적을
어디에 두고
살아가십니까?

진화론을 믿는 사람들은 생명의 근원을 우연의 산물로 보며 창조주를 인정하지 않기 때문에 인간 중심으로 생각하고 행동하는 인본주의(人本主義) 사상이 팽배합니다.

이들은 삶의 목적을 이 땅에 두고 '무엇을 먹을까? 무엇을 입을까?' 근심하며 살아갑니다. 인생을 즐기며 마음껏 누리는 것을 최대의 행복으로 여기지만 참된 기쁨과 평안을 얻지 못합니다. 결국 육체는 한 줌의 흙으로 돌아가고 영혼은 지옥으로 떨어지니 얼마나 허무하고 공허한 인생입니까?

이 세상의 모든 물건은 반드시 만든 사람이 있습니다. 장난감에서부터 하늘을 나는 비행기까지 누군가가 만들었기 때문에 존재하는 것이지 결코 저절로 생겨난 것이 없습니다. 마찬가지로 천하 만물도 우연히 생겨난 것이 아니라 창조주 하나님께서 분명한 목적이 있어 그분의 마음에 맞게 설계하여 창조하신 것입니다.

창세기 1장 3절 이하를 자세히 읽어보면 하나님께서 천하 만물을 말씀으로 창조하셨음을 알 수 있습니다. 히브리서 11장 3절에도 "믿음으로 모든 세계가 하나님의 말씀으로 지어진 줄을 우리가 아나니 보이는 것은 나타난 것으로 말미암아 된 것이 아니니라"고 말씀합니다.

창조주 하나님에 대한 증거는 성경뿐 아니라 우주 만물 안에도 무수히 많습니다. 우주 만물을 돌아보면 동서남북과 사계절이 있고, 지구의 자전과 공전, 밀물과 썰물의 교차, 바람과 구름의 이동 등 모든 것이 질서정연하게 운행됩니다. 이것을 어찌 하나님의 창조의 섭리가 아닌 우연의 일치라고 할 수 있겠습니까.

더구나 사람이나 짐승, 새, 물고기 등 모든 동물이 한결같이 눈은 두 개요, 코는 하나에 입도 하나, 귀는 두 개요 그 위치 선정까지 똑같습니다. 이것만 보아도 조물주 한 분에 의해 창조되었음을 알 수 있습니다.

로마서 1장 20절에는 "창세로부터 그의 보이지 아니하는 것들 곧 그의 영원하신 능력과 신성이 그 만드신 만물에 분명히 보여 알게 되나니 그러므로 저희가 핑계치 못할지니라"고 말씀하셨습니다.

하나님이 창조주가 되심을 분명히 알 수 있는 증거는 무엇일까요?

누구든지 마음 문을 열고 천지 만물을 바라보면 창조주 하나님의 능력과 신성을 느낄 수 있고, 살아 계신 하나님을 알고 믿을 수 있기 때문입니다. 하나님께서는 창세 이래 어느 누구도 "나는 창조주 하나님을 몰라서 못 믿었습니다."라고 핑계할 수 없도록 지금도 끊임없이 성령의 역사를 베풀고 계십니다.

2. 첫 사람 아담을 생령으로 창조하신 하나님

창조주 하나님께서는 자기 형상 곧 하나님의 형상대로 첫 사람 아담을 창조하셨습니다. 그리고 복을 주시며 생육하고 번성하여 땅에 충만하라, 땅을 정복하며 모든 생물을 다스리라 하셨지요(창 1:27~28).

천지 만물을 말씀으로 창조하신 하나님께서 사람은 어떻게 만드셨을까요? 창세기 2장 7절을 보면 "여호와 하나님이 흙으로 사람을 지으시고 생기를 그 코에 불어넣으시니 사람이 생령이 된지라" 하셨습니다.

여기서 흙이란 진흙을 말합니다. 뛰어난 도공은 진흙을 사용하여 수천만 원 혹은 수억 원대를 호가하는 도자기를 만들어 냅니다. 어떤 사람은 질그릇이나 기왓장, 혹은 값싼 벽돌을 만들어 내지요. 이처럼 누가 어떤 재료로 어떤 물건을 만들었느냐에 따라 가치가 엄청나게 달라집니다.

하물며 전지전능한 하나님께서 친히 자기 형상을 따라 진흙으로 사람을 빚으셨으니 얼마나 아름답고 빛나는 존재로 창조하셨겠습니까. 그리고 그 코에 생기를 불어넣으시니 사람이 살아 있는 영 곧 생령이 되었습니다.

창조주 하나님께서
사람의 코에
무엇을
불어넣으셨나요?

생기란 하나님의 근본 된 능력을 의미합니다. 사람이 생령으로 창조된 과정은 형광등이 빛을 내기까지의 과정을 보면 쉽게 이해할 수 있습니다. 형광등이 빛을 내게 하려면 먼저 잘 조립된 형광등이 있어야 합니다. 그러나 그 상태로는 빛을 낼 수 없으며, 전원과 연결되어 전류가 흘러야 비로소 빛을 냅니다.

텔레비전도 마찬가지이지요. 아무런 움직임 없이 죽어 있는 듯한 물건인데 전원을 연결하면 화면에 갖가지 영상이 나타납니다. 텔레비전은 외관상으로 단순해 보이지만 그 속에는 오밀조밀한 부속품이 매우 복잡하게 조립되어 있습니다.

이와 마찬가지로 하나님께서는 단순히 흙으로 사람의 형상만 빚은 것이 아닙니다. 설계도대로 사람의 형상을 빚으시는 하나님의 손끝에서 근본의 빛이 나갔습니다.

하나님께서 첫 사람 아담을 생령으로 창조하신 과정을 설명할 수 있나요?

그러자 몸 안에 오장육부와 뼈와 핏줄과 신경 조직이 완벽하게 만들어졌습니다. 이런 상태에서 전류를 통하게 하듯 생기를 불어넣으시니 곧 피가 돌고 호흡하며 움직일 수 있게 된 것입니다.

하나님께서는 사람의 뇌세포 안에 기억 장치를 만들어 주셨습니다. 사람이 보고 듣고 체험한 것이 기억 장치에 저장되는데 이것이 지식입니다. 이 지식을 떠올리는 것이 생각이며, 지식을 적절히 배합하여 활용하는 것이 지혜입니다.

피조물인 사람도 지혜와 지식이 더하여 문자나 사람의 음성을 인식하여 대화할 수 있는 컴퓨터까지 만들어 내는데, 전지전능하신 하나님께서 흙으로 사람의 형상을 빚고 생기를 불어넣어 생령을 만드시는 것이

어찌 어려운 일이겠습니까? 무에서 유를 창조하시는 하나님의 능력으로
는 참으로 쉬운 일이지만, 한계가 있는 사람으로서는 너무나 신기하고
측량하기 어려운 일입니다(시 139:14).

3. 만물의 영장답게 살아가도록 가르치신 하나님

창조주 하나님께서는 첫 사람 아담을 생령으로 창조하신 후, 에덴동
산을 창설하셨습니다. 그리고 아담을 에덴동산으로 이끌어 들이시고 그
곳을 다스리며 지키게 하셨습니다(창 2:8~15).

갓 태어난 자녀는 본능적인 생리작용 외에는 거의 아무것도 할 수 없
습니다. 성장하면서 부모, 형제, 교사 등을 통해 각종 교육을 받아야 인
간답게 살아갑니다. 아담도 처음 생령이 되었을 때는 몸은 성인의 모습
이지만 갓 태어난 아기처럼 아무것도 입력되지
않은 상태였습니다.

생령 아담은
에덴동산에서 만물의
영장답게 살았나요?
(창 2:19~20)

하나님께서는 첫 사람 아담이 에덴동산
에서 만물의 영장답게 살아갈 수 있도록 천지
만물의 조화와 영계의 법칙, 진리의 말씀 등 필요
한 것들을 자상하고 상세하게 가르쳐 주셨습니다. 부모가 어린 자녀에게
"이런 것은 먹어도 되지만 저런 것은 절대로 먹으면 안 된다."고 가르치
는 것처럼 하나님께서도 아담에게 동산 각종 나무의 실과는 임의로 먹되

선악을 알게 하는 나무의 실과는 먹지 말라고 가르쳐 주셨지요. 그런데 아담은 오랜 세월이 지나자 하나님 말씀을 소홀히 여기고 선악을 알게 하는 나무의 실과를 먹고 말았습니다.

그 결과 '죄의 삯인 사망'이 임하게 됩니다(롬 6:23). 사람에게 있어 주인의 역할을 하는 영이 죽게 되었고, 결국 영이신 하나님과 교통할 수 없는 죄인으로 타락하고 말았습니다. 하나님께서는 전지전능하시니 첫 사람 아담의 불순종을 미리 아셨습니다.

그럼에도 인간 경작을 통해 자원하는 마음으로 순종하는 참 자녀를 얻어 영원히 사랑을 주고받고자 사람을 창조하셨습니다. 지금도 끊임없이 하나님의 뜻을 알려 주시고 풍성한 사랑을 공급하시며 모든 사람이 구원받기를 원하십니다. 하나님의 사랑을 깨달아 자유 의지 가운데 순종하는 축복의 삶을 영위하시기 바랍니다.

Plus

'생기'란?
하나님의 근본 된 능력으로 생명의 역사를 일으킨다. 하나님께서 첫 사람 아담의 코에 불어넣으신 생기가 아담의 몸에서 가장 중심이 되는 세포핵에 들어가자 살아 움직이기 시작했다. 생령 곧 살아 있는 영적인 존재가 된 것이다.
그러나 생령 아담은 에덴동산에서 범죄함으로 죽은 영이 되었고 더 이상 영의 공간인 에덴동산에 거할 수 없게 되었다.

Chapter 2

사람을 경작하시는 하나님

사랑의 하나님께서 인간 경작의 섭리를 통해
알곡 성도는 천국에 들이고
쭉정이는 지옥에 던지시는 이유를 깨닫게 한다.

읽을 말씀: 창세기 1:28

하나님이 그들에게 복을 주시며 그들에게 이르시되
생육하고 번성하여 땅에 충만하라 땅을 정복하라 바다의 고기와
공중의 새와 땅에 움직이는 모든 생물을 다스리라 하시니라

외울 말씀: 마태복음 3:12

손에 키를 들고 자기의 타작 마당을 정하게 하사 알곡은 모아
곡간에 들이고 쭉정이는 꺼지지 않는 불에 태우시리라

참고 말씀: 디모데전서 2:4

하나님은 모든 사람이 구원을 받으며
진리를 아는 데 이르기를 원하시느니라

성경을 보면 예수님께서는 많은 비유로써 하나님의 뜻과 섭리를 알려 주셨습니다. 인간의 지식으로는 영의 세계를 이해할 수 없기 때문에 이 땅의 것들로 비유하여 깨우쳐 주고자 하신 것입니다(마 13:34). 그중에는 씨 뿌리는 비유, 겨자씨 비유, 밭의 가라지 비유, 포도원 비유, 불의한 농부의 비유 등 경작에 관한 것이 많습니다. 이는 농부가 땅을 개간하여 씨를 뿌리고 가꾸어 열매를 거두듯이, 하나님께서도 이 땅에서 인간을 경작하시고 때가 되면 알곡을 거두어 천국으로 들인다는 사실을 알려 주기 위함입니다.

1. 하나님께서 사람을 경작하시는 이유

하나님께서는 영원 전부터 우주 공간에 홀로 계셨습니다(요 1:1). 지극히 아름답고 영롱한 빛 안에 맑고 청아한 소리를 머금고 온 우주공간을 다스리셨습니다(요일 1:5). 수많은 세월이 흐르면서 하나님께서는 모든 것을 함께 느끼며 서로 사랑을 주고받을 수 있는 대상을 원하셨습니다. 하나님은 신성과 인성을 함께 갖고 계시기에 모든 것을 홀로 누리기보다는 누군가와 함께 나누고 싶으셨던 것입니다.

이러한 마음을 품으신 하나님은 인간 경작을 위한 계획을 세우셨습니다. 그리고 영원 전부터 계시던 공간을 오묘하게 분리하시고 성부, 성자, 성령 삼위일체 하나님으로 존재하기 시작하셨지요. 인간 경작의 총감독이 되시는 성부 하나님, 구세주가 되어 주실 성자 예수님, 구원을 온전케 하시는 성령 하나님의 사역이 필요했기 때문입니다.

때가 이르자 삼위일체 하나님께서는 천지 만물을 창조하시고 사람을 지으셨습니다. 그리고 첫 사람 아담이 범죄한 이후 오늘날까지 하나님께서는 인류역사와 사람의 생사화복을 주관하시며 멈추지 않고 사람을 경작하고 계십니다. 하나님의 마음을 이해하고 깨달아 중심에서 하나님을 사랑할 수 있는 참 자녀를 얻기 위함입니다.

하나님께서
사람을 경작하시는 이유는
무엇인가요?

어떤 부모에게 두 자녀가 있는데 큰아이는 시키는 대로만 하고 자신의 의견이나 사랑을 표현하지 않습니다. 반면 작은아이는 부모님을 서운케 할 때도 있지만 이내 돌이키며 사랑스럽게 매달리기도 하고 여러 가지로 자신의 마음을 표현한다면 어느 자녀가 더 사랑스럽겠습니까?

또한 가정에 로봇이 있어 밥도 짓고 청소도 하며 모든 시중을 다 들어준다고 해서 자녀보다 로봇이 더 사랑스러울까요? 로봇이 아무리 유익하다 해도 자녀를 대신할 수 없습니다.

하늘에도 순종을 잘하는 천군 천사들이 있지만 하나님께서는 이성과 감정을 가지고 자유 의지 가운데 즐거이 순종하는 자녀를 원하셨습니다. 그래서 사람을 창조하되 자유 의지를 주시고 하나님 말씀을 가르치며 참 자녀로 나오기까지 참으로 오랜 세월을 참고 기다리며 경작하시는 것입니다.

하나님께서 원하시는 참 자녀는 어떤 사람일까요?

경작이란 농부가 씨를 뿌리고 가꾸는 수고를 통해 열매를 얻는 과정을 말합니다. 하나님께서도 사람을 경작하는 수고를 통해 참 자녀를 얻고자 이 땅에 아담과 하와라는 첫 번째 씨를 심으셨습니다. 흙으로 지음 받은 사람은 마음밭을 개간하는 경작의 과정을 거쳐야 하나님의 참 자녀가 될 수 있기 때문입니다.

창세기 6장 5~6절에 '하나님께서 사람의 죄악이 세상에 관영함과 그 마음의 생각의 모든 계획이 항상 악할 뿐임을 보시고 땅 위에 사람 지으셨음을 한탄하사 마음에 근심하셨다'고 나옵니다. 그렇다면 하나님께서는 사람이 범죄할 줄을 모르셨을까요?

하나님께서는 전지전능하시니 만세 전에 이미 모든 것을 알고 계셨습니다. 그럼에도 사람을 창조하여 경작하시는 이유는 자녀를 기르는 부모의 심정을 안다면 쉽게 이해할 수 있을 것입니다.

사람이 자녀를 낳아 기른다는 것이 얼마나 고생스러운 일입니까? 잉태한 후 열 달 동안 여러 고통이 따르고, 해산할 때에도 큰 수고를 해야 합니다. 또 자녀를 먹이고 입히며 가르치기 위해 힘써 일하며 밤낮으로 수고해야 합니다.

그런데도 부모가 자녀를 낳아 기르는 이유는 부모의 사랑을 느끼고 부모를 진정으로 사랑해 줄 수 있는 대상을 원하기 때문입니다. 더구나 부모의 마음을 헤아려서 극진히 섬기고 효도한다면 얼마나 좋겠습니까?

이와 마찬가지로 하나님께서도 사람이 불순종하고 타락하여 근심할 것을 아셨지만, 영원히 사랑을 주고받을 수 있는 참 자녀가 나올 것을 믿기에 기꺼이 경작하시는 것입니다.

2. 알곡과 쭉정이를 가르시는 하나님

농부가 열심히 땅을 갈고 씨를 뿌리며 농사를 짓는 이유는 추수 때에 많은 소산을 거둘 수 있다고 믿기 때문입니다.

추수 때에 알곡과 쭉정이는 어떻게 될까요?

그런데 추수 때 보면 알곡만 있는 것이 아니라 쭉정이도 섞여 나옵니다. 이때 알곡은 창고에 들이고, 쭉정이는 불에 태웁니다.

마찬가지로 하나님께서도 인간 경작을 마친 뒤에는 알곡과 쭉정이를 가르십니다. 마태복음 3장 12절에 "손에 키를 들고 자기의 타작 마당을 정하게 하사 알곡은 모아 곳간에 들이고 쭉정이는 꺼지지 않는 불에 태우시리라" 말씀하신 대로, 하나님께서는 때가 되면 참 자녀인 알곡은 천국에 들이지만 쭉정이는 영원히 꺼지지 않는 지옥불에 던지십니다.

알곡이란 예수 그리스도를 영접하여 진리 안에 살면서 하나님을 사랑하고 하나님의 사랑받는 사람을 말합니다. 즉 잃어버렸던 하나님의 형상을 회복하여 말씀대로 행하는 빛의 자녀들이지요.

반면에 쭉정이란 예수 그리스도를 영접하지 않거나 입술로는 믿는다 하지만 말씀 안에 살지 않고 여전히 악을 행하며 세상의 정욕을 좇아 살아가는 사람을 말합니다. 그러면 사랑의 하나님께서 쭉정이는 왜 영원히 꺼지지 않는 지옥불에 던지시는 것일까요?

알곡과 쭉정이는 구체적으로 어떤 사람일까요?

디모데전서 2장 4절에 "하나님은 모든 사람이 구원을 받으며 진리를 아는 데 이르기를 원하시느니라" 말씀하셨습니다. 하나님께서는 모든 사람이 구원받기 원하시므로 하나님의 사랑을 여러 방법으로 깨우쳐 주시며 구원의 길로 인도하십니다.

그런데도 자유 의지 가운데 끝까지 하나님의 뜻과 섭리를 거스르는 사람들이 있습니다. 이들은 하나님 앞에서 사람으로서의 가치를 상실했으므로 쭉정이에 속하며 짐승과 다를 바 없습니다(전 3:18). 하지만 영원

불멸하는 영혼을 지니고 있기에 영이 없는 짐승처럼 아예 무 상태로 멸해 버릴 수도 없고 알곡 성도와 함께 천국에 들이실 수도 없습니다. 그러니 천국과 구별하여 지옥을 두실 수밖에 없는 것입니다.

농부가 추수 때에 알곡을 거두어 쭉정이를 함께 두지 않는 것과 같습니다. 온갖 죄악이 가득한 쭉정이와 같은 존재가 알곡 성도와 영원히 함께 산다면 아름다운 천국이 죄악으로 오염될 수밖에 없습니다. 하나님께서 지옥을 따로 두신 것도 근본 하나님의 사랑에서 나온 것입니다.

3. 인간 경작과 백보좌 대심판

농부가 씨를 뿌리고 거두는 일이 한 해로 끝나지 않고 계속되는 것같이 하나님께서도 인간 경작을 멈추지 않고 계십니다. 성경을 통해 하나님의 마음과 뜻을 알려 주시며 노아, 아브라함, 모세, 엘리야, 베드로, 바울 등과 같은 믿음의 선진을 통해 하나님의 사랑을 전하게 하셨습니다.

하나님께서는 오늘날에도 주의 종과 일꾼들을 통해 깨어 있어야 할 것을 강조하시며 끊임없이 인간을 경작하고 계십니다.

인간 경작의 섭리는
언제까지
계속될까요?

그러나 시작이 있으면 반드시 끝이 있듯이, 인간 경작도 한없이 계속되지는 않습니다. 요한계시록 22장 13절에 "나는 알파와 오메가요 처음과 나중이요 시작과 끝이라"고 말씀하신 대로 때가 이르면 삼위일체 하나님의 인간 경작의 섭리가 마쳐집니다.

하나님께서 엿새 동안 천지창조 사역을 마치고 일곱째 날에 안식하신 것처럼, 인간 경작의 역사가 끝나면 천년왕국을 보냅니다. 천년왕국이 끝난 후에는 백보좌 대심판이 있습니다. 요한계시록 20장 11~12절에 "또 내가 크고 흰 보좌와 그 위에 앉으신 자를 보니 땅과 하늘이 그 앞에서 피하여 간데 없더라 … 죽은 자들이 자기 행위를 따라 책들에 기록된 대로 심판을 받으니" 말씀한 대로 심판이 이루어집니다.

알곡 성도는 이 땅에서 행한 대로 상급 심판을 받고 각자의 믿음의 분량에 합당한 천국 처소에 들어갑니다. 하지만 쭉정이는 지옥불에 들어가 영원히 고통받습니다. 이러한 인간 경작의 섭리를 깨달아 아름다운 천국에서 영생복락을 누리는 알곡 성도가 되시기 바랍니다.

Plus

'알파와 오메가'란?
　문명의 시작과 끝이 아버지 하나님께로 말미암았다는 뜻이다.
'처음과 나중'이란?
　주님께서 부활의 첫 열매가 되시고, 재림하심으로써 구속 사업을 마무리하신다는 뜻이다.
'시작과 끝'이란?
　성령님께서 인간 경작의 시작과 끝이 되신다는 뜻이다.

Chapter 3

선악과를 두신 이유

하나님께서 창조하신 사람을
에덴동산에 이끌어 들이시고 동산 중앙에
선악과를 두신 섭리를 알아본다.

읽을 말씀: 창세기 3:1~7

　… 여자가 그 나무를 본즉 먹음직도 하고 보암직도 하고
지혜롭게 할 만큼 탐스럽기도 한 나무인지라 여자가 그 실과를
따 먹고 자기와 함께한 남편에게도 주매 그도 먹은지라 …

외울 말씀: 야고보서 1:15

　욕심이 잉태한즉 죄를 낳고
죄가 장성한즉 사망을 낳느니라

참고 말씀: 창세기 2:17

　선악을 알게 하는 나무의 실과는 먹지 말라
네가 먹는 날에는 정녕 죽으리라 하시니라

여호와 하나님이 그 사람에게 명하여 가라사대 동산 각종 나무
의 실과는 네가 임의로 먹되 선악을 알게 하는 나무의 실과는
먹지 말라 네가 먹는 날에는 정녕 죽으리라 하시니라 창세기 2:16~17

창조주 하나님의 크신 사랑과 깊고 오묘한 인간 경
작의 섭리를 모르는 사람들은 "하나님은 왜 선악과를 두어 사람을 멸망
의 길로 가게 하셨느냐?"고 묻습니다. 만일 하나님께서 선악과를 두시지
않았다면 사람들이 에덴동산에서 영원히 행복하게 살았을 것이라고 생
각하기 때문입니다.

사랑의 하나님께서 일부러 선악과를 두고 사망의 길로 인도하셨을
리는 없습니다. 그렇다면 하나님께서 에덴동산 중앙에 선악과를 두신 이
유는 무엇이며, 생령 아담은 왜 사망의 길로 갈 수밖에 없었을까요?

1. 에덴동산에서의 아담과 하와

하나님께서 첫 사람 아담을 생령, 곧 살아 있는 영으로 창조하시고
풍요로운 에덴동산에서 살게 하셨습니다. 동산 중앙에는 생명나무와

선악을 알게 하는 나무도 있었고 생명수 강이 흐르고 있었습니다. 하나님께서는 생령 아담이 홀로 있는 것이 좋지 못하여 돕는 배필로 여자인 하와를 지어 한 몸을 이루게 하셨습니다(창 2:18~25).

이는 아담이 스스로 외롭다고 느껴서가 아니라, 오랜 세월 동안 홀로 계셨던 하나님께서 아담의 형편을 미리 헤아려 베푸신 사랑이었으며 장차 인간 경작을 위한 하나님의 섭리였습니다.

생령 아담과 하와는 에덴동산에서 하나님께서 주신 것을 마음껏 누리며 풍요롭게 살았습니다. 그런데 단 한 가지 하나님께서 금하신 것이 있었지요. 바로 동산 가운데 있는 선악을 알게 하는 나무의 실과만은 먹지 말라는 것입니다.

하나님께서는 에덴동산 중앙에 선악과를 두시고 창조주 하나님과 피조물인 사람 사이에 질서를 세우셨습니다. 과연 어떻게 되었을까요?

2. 뱀의 유혹을 받아 범죄한 아담과 하와

오랜 세월이 흐르자 아담과 하와는 하나님 말씀을 명심하지 못한 채 선악과를 먹고 말았습니다. 하나님을 대적하고자 호시탐탐 기회를 엿보던 사단이 들짐승 중에 가장 간교한 뱀을 통해 아내 하와를 유혹하니 결국 남편 아담도 하나님 말씀에 불순종한 것입니다.

창세기 2장 16~17절을 보면 하나님께서 생령 아담에게 "동산 각종 나무의 실과는 네가 임의로 먹되 선악을 알게 하는 나무의 실과는 먹지 말라 네가 먹는 날에는 정녕 죽으리라"고 명령하신 내용이 나옵니다.

그런데 창세기 3장 1절을 보면 뱀이 여자에게 "하나님이 참으로 너희더러 동산 모든 나무의 실과를 먹지 말라 하시더냐"고 묻습니다. 이때 "동산 중앙에 있는 나무의 실과는 하나님의 말씀에 너희는 먹지도 말고 만지지도 말라 너희가 죽을까 하노라 하셨느니라"고 대답합니다.

하나님께서는 분명히 "네가 먹는 날에는 정녕 죽으리라" 말씀하셨습니다. 그런데 여자가 "너희가 죽을까 하노라" 하셨다고 하나님 말씀을 변질시켜 답변하자 뱀은 더욱 적극적으로 유혹합니다.

"너희가 결코 죽지 아니하리라" 하며 하나님 말씀을 완전히 부정합니다. 뿐만 아니라 "너희가 그것을 먹는 날에는 너희 눈이 밝아 하나님과 같이 되어 선악을 알 줄을 하나님이 아심이니라" 하면서 재차 유혹합니다(창 3:4~5).

이처럼 사단이 간교한 뱀을 통해 욕심을 불어넣으니 여자는 선악과가 예전과 다르게 보였습니다. 곧 먹음직도 하고 보암직도 하고 지혜롭게 할 만큼 탐스럽기도 하였습니다. 결국 여자는 선악과를 따 먹었고 자기 남편에게도 주니 그도 먹었습니다(창 3:6).

사람들이 뱀을 싫어하게 된 근원은 무엇일까요?

어떤 사람은 "사람에게 악이 있었기 때문에 선악과를 먹었다."고 하는데, 아담과 하와는 불순종하기 전에는 전혀 악이 없었습니다. 다만 스스로 선택할 수 있는 자유 의지에 따라 선악과를 먹을 수도, 먹지 않을 수도 있었습니다.

아담과 하와가
선악과를
왜
먹었을까요?

그런데 오랜 세월이 흐르면서 하나님 말씀을 명심하지 못하다가 사단이 뱀을 통하여 유혹하자 선악과를 먹고 말았던 것입니다. 이처럼 하나님께서 세운 질서에 불순종하므로 악이 들어왔습니다. 즉 생령으로 창조된 사람에게 처음부터 악이 있었던 것이 아니라, 자유 의지 가운데 선악과를 먹음으로써 죄가 성립되었고, 비로소 악이 들어오기 시작한 것입니다.

3. 죄의 삯은 사망

로마서 6장 23절을 보면 "죄의 삯은 사망"이라는 영계의 법칙이 나옵니다. 과연 불순종의 죄를 범한 아담과 하와에게 사망이 어떻게 임했을까요? 하나님께서는 분명히 "정녕 죽으리라" 하셨는데 아담과 하와는 불순종한 후 곧바로 죽지 않고 오랜 세월을 살면서 많은 자녀를 낳았습니다. 따라서 하나님이 말씀하시는 죽음이란 단순히 호흡이 끊어지는 육체의 죽음이 아니라 영의 죽음을 뜻합니다.

원래 사람은 생령으로서 하나님과 교통할 수 있는 영과, 영의 지배를 받는 혼, 그리고 영과 혼의 장막인 육으로 창조되었습니다(살전 5:23). 그런데 하나님의 명령을 어기니 영이신 하나님과 교통하던 사람의 영이 죽게 된 것입니다. 이처럼 죄로 인해 아담과 하와의 영이 죽으니 더 이상 하나님과 교통할 수 없게 되었고 결국 영의 공간인 에덴동산에서 육의 공간인 이 땅으로 쫓겨나고 말았습니다.

이때부터 인류의 고난이 시작되어 하와는 잉태하는 고통이 크게 더하여 수고하며 자녀를 낳고, 또 남편을 사모하며 그의 다스림을 받아야 했습니다(창 3:16). 범죄한 아담은 저주받은 이 땅에서 평생토록 수고하여야 소산을 먹을 수 있었습니다(창 3:17). 결국 아담과 하와는 한 줌의 흙으로 돌아가는 인생이 되었지요. 그리하여 범죄한 아담의 후손들도 죄인으로 태어나 죄의 삯인 사망의 길로 가게 되었습니다(롬 5:12).

그렇다면 사단의 사주를 받아 하와를 미혹한 뱀은 어떠한 저주를 받았을까요? 하나님께서는 뱀에게 "모든 육축과 들의 모든 짐승보다 더욱 저주를 받아 배로 다니고 종신토록 흙을 먹을지니라" 하셨습니다.

여기서 흙은 흙으로 창조된 사람을 말하며 (창 2:7), 뱀은 원수 마귀 사단을 뜻합니다 (계 20:2). 하나님께서 뱀에게 흙을 먹으라고 하신 것은 어둠 가운데 사는 사람들이 바로 원수 마귀 사단의 밥이 된다는 뜻입니다.

세상 사람은 물론, 하나님의 자녀라 할지라도

흙은
영적으로
무엇을 뜻할까요?

악을 행하고 죄를 지으면 원수 마귀 사단이 역사하므로(벧전 5:8) 시험 환난이 찾아옵니다. 더욱이 원수 마귀 사단은 하나님을 믿으면서도 그 말씀을 확신하지 못하는 사람들을 미혹하여 사망의 길로 인도합니다.

4. 하나님께서 선악과를 두신 이유

하나님께서 선악을 알게 하는 나무를 동산의 가장 중앙에 두신 이유는 사람으로 하여금 선악과를 먹고 멸망의 길로 가게 하기 위해서가 아니었습니다. 그것은 바로 상대성을 알게 하시려는 하나님의 놀라운 섭리였지요.

아담과 하와는
상대성을
언제
체험했나요?

대부분의 사람들은 생령 아담과 하와가 에덴동산에서 아주 행복했을 것이라고 생각합니다. 그러나 아담과 하와는 상대성을 체험하지 않았기 때문에 참 행복과 사랑을 알지 못하였습니다.

풍요로운 에덴동산에서 많은 것을 누렸지만 스스로 땀 흘려 수고하여 얻은 것이 아니었기에 하나님이 주신 것에 대한 소중함과 고마움을 알지 못했습니다. 그러니 뱀의 유혹에 넘어가 선악과를 먹는 불순종의 죄를 범하고 만 것입니다.

결국 이 땅으로 쫓겨나 눈물, 슬픔, 고통, 불행, 죽음 등을 체험한 후에야 참된 행복과 불행이 무엇인지 확실히 깨우칠 수 있었습니다. 비로소 하나님께서 이끄신 에덴동산에서의 자유와 풍요가 얼마나 값진 것이었는지 알게 되었습니다.

이처럼 상대성을 체험해야 하나님의 참 자녀가 되어 영원히 하나님과 사랑을 주고받을 수 있습니다. 그래서 하나님께서는 사람에게 자유 의지를 주시고, 에덴동산 중앙에 선악을 알게 하는 나무를 두셨습니다. 사람이 자유 의지에 따라 선악과를 따 먹어도 막지 않으시고, 인간 경작을 통해 이 땅에서 모든 희로애락을 경험하도록 섭리하셨던 것입니다.

범죄한 아담과 하와는 에덴동산에서 쫓겨난 후 상대성을 체험하였습니다. 그리하여 진정한 사랑과 기쁨, 감사가 무엇인지 깨달아 하나님을 마음 중심에서 사랑하며 경외하게 되었습니다.

이와 같이 하나님께서는 사람으로 하여금 하나님의 사랑을 깨닫고 참 행복을 누릴 수 있도록 에덴동산 중앙에 선악과를 두시고 첫 사람 아담과 하와를 통해 인간 경작의 섭리를 이루신 것입니다.

Plus

'자유 의지'(free will)란?
자신의 행동과 결정을 스스로 조절, 통제할 수 있는 힘과 능력을 말한다. 즉 스스로 선택하고 행동하도록 하나님께서 사람에게 주신 능력과 특권이다.

Chapter 4

토지 무르기에 합당한
예수 그리스도

아담의 불순종으로 인해 원수 마귀에게 넘겨준
권세를 회복할 수 있는 영계의 법칙과
구세주가 되는 자격 조건에 대해 알아본다.

읽을 말씀: 레위기 25:23~25

토지를 영영히 팔지 말 것은 토지는 다 내 것임이라
너희는 나그네요 우거하는 자로서 나와 함께 있느니라
너희 기업의 온 땅에서 그 토지 무르기를 허락할지니 …

외울 말씀: 로마서 5:19

한 사람의 순종치 아니함으로 많은 사람이 죄인 된 것같이
한 사람의 순종하심으로 많은 사람이 의인이 되리라

참고 말씀: 요한계시록 5:1~5

… 장로 중에 하나가 내게 말하되 울지 말라
유대 지파의 사자 다윗의 뿌리가 이기었으니
이 책과 그 일곱 인을 떼시리라 하더라

영계의 법에는 죄인에게 벌을 가하는 '죄의 삯은 사망'이라는 법이 있는가 하면, 반대로 그 죄를 속량할 수 있는 법도 있습니다. 첫 사람 아담이 죄로 인해 원수 마귀에게 넘겨준 권세를 회복하려면 죄를 속량할 수 있는 영계의 법칙을 적용해야 합니다. 과연 첫 사람 아담이 원수 마귀에게 넘겨준 권세를 회복하는 법칙은 무엇일까요? 하나님께서는 이 법을 좇아 비밀한 가운데 만세 전에 인간 구원의 길을 예비하셨습니다.

1. 토지를 사고파는 데 적용되는 토지 무르기 법칙

레위기 25장 23~25절에 "토지를 영영히 팔지 말 것은 토지는 다 내 것임이라 너희는 나그네요 우거하는 자로서 나와 함께 있느니라 너희 기업의 온 땅에서 그 토지 무르기를 허락할지니 만일 너희 형제가 가난하여 그 기업 얼마를 팔았으면 그 근족(近族)이 와서 동족의 판 것을 무를 것이요" 말씀합니다. 즉 토지는 모두 하나님의 소유이므로 영영히 팔지 말 것이며, 가난하여 토지를 팔았다 하더라도 합당한 규정에 따라 다시 무를 수 있는 '토지 무르기 법칙'을 설명한 것입니다.

이스라엘에서는 계약서에 어떤 경로로 토지를 팔고 사는가 하는 과정과 되돌려 받을 수 있는 토지 무르기의 내용을 기록하게 합니다. 그리고 팔고 사는 사람이 도장을 찍고 증인들을 세웁니다. 그 후 계약서 1부는 법과 규례대로 인봉하여 성전 창고에 보관하고 다른 1부는 인봉하지 않고 언제라도 볼 수 있게 성전 입구에 펼쳐 놓습니다. 이는 언제라도 근족이 와서 대신 토지를 무를 수 있고, 근족 중에 무를 사람이 없으면 본인이 부를 쌓아 힘이 있을 때 무를 수 있게 한 것입니다.

아담의 권세가
왜
원수 마귀에게
넘어가게 되었나요?

마찬가지로 아담의 불순종으로 하나님과 마귀 사이에도 토지 무르기의 법칙에 따라 계약이 이루어졌습니다. 아담이 불순종하여 천하 만국을 다스릴 수 있는 모든 권세를 마귀에게 넘겨주게 되었지만(눅 4:6), 토지 무르기 법칙에 따라 영영히 팔지는 못하며 다시 되돌려 받을 수 있지요.

그러므로 사랑과 공의 가운데 역사하시는 하나님께서는 만세 전에 토지 무르기 법칙에 합당한 자로 예수 그리스도를 예비하시고 때가 이르자 십자가 고난을 통해 인간 구원의 길을 열어 주신 것입니다.

요한계시록 5장 4절에는 하나님과 마귀가 계약한 책이 나옵니다. 이는 '아담이 불순종하여 마귀에게 천하 만국을 다스리는 권세를 넘겨주었지만, 무를 힘이 있는 사람이 있으면 다시 그 권세를 넘겨주겠다.'는 계약서입니다.

그런데 사도 요한이 보니 그 책을 일곱 인으로 봉하여 뗄 수 있는 사람이 없어 크게 웁니다. 그때 장로 중 하나가 "울지 말라 유대 지파의 사자 다윗의 뿌리가 이기었으니 이 책과 그 일곱 인을 떼시리라"고 말씀합니다.

즉 다윗의 뿌리인 예수님이 토지 무르기에 합당한 분이라는 것입니다. 그러면 토지 무르기 법칙에 따른 구세주의 자격 조건은 무엇일까요?

마태복음 1장 1절을 찾아 큰소리로 읽어볼까요?

첫째로, 아담의 근족인 사람이어야 합니다.

로마서 5장 12절에 보면 "한 사람으로 말미암아 죄가 세상에 들어오고 죄로 말미암아 사망이 왔나니 이와 같이 모든 사람이 죄를 지었으므로 사망이 모든 사람에게 이르렀느니라" 했습니다. 그런데 19절에는 "한 사람의 순종치 아니함으로 많은 사람이 죄인 된 것같이 한 사람의 순종하심으로 많은 사람이 의인이 되리라" 말씀합니다.

즉 누군가 죄를 대속해 줄 수 있는 사람이 있으면 멸망의 길을 가던 모든 인류가 구원받을 수 있는 것입니다. 토지 무르기 법칙에 의하면 돈이 없어 토지를 팔게 되더라도 그것을 되살 수 있는 능력이 생기면 언제든지 무를 수 있습니다. 만일 본인이 무를 힘이 없을 때에는 근족이 대신 무를 수 있습니다.

따라서 범죄한 아담이 원수 마귀에게 넘겨준 권세를 되찾을 수 있는 존재는 아담의 근족인 사람이어야 합니다. 그러면 예수님은 이 조건에 합당한 분일까요? 예수님은 말씀이신 하나님께서 육신을 입고 이 땅에 오신 분입니다(요 1:14). 즉 육신을 입은 사람으로 태어났기에 토지 무르기 법칙 첫 번째 조건에 합당한 자격을 갖추신 분입니다.

둘째로, 아담의 후예가 아니어야 합니다.

아담이 불순종의 죄를 지으니 그의 혈통을 이어받은 모든 인류는 원죄를 가지고 태어나게 되었습니다. 따라서 이러한 인류의 죄를 대속하려면 아담의 후예가 아니어야 합니다. 죄인이 죄인의 죄를 대속해 줄 수 없기 때문입니다.

왜
예수님은
아담의 후예가
아닐까요?

사도 요한이 아담의 후예가 아닌 사람을 찾고자 하늘 위를 보니 천사만 있고, 땅 위를 살펴보니 아담의 후예인 죄인들만 있고, 땅 아래를 보니 지옥에 속한 것뿐이었기에 애통하였습니다(계 5:1~3).

그러면 예수님은 토지 무르기 법칙 두 번째 조건에 합당한 분일까요? 예수님께서는 육적으로는 다윗의 뿌리이지만, 남녀가 결혼하여 잉태된 분이 아니므로 원죄가 없습니다. 우리 죄를 대속하기 위해 사람으로 태어나셨지만 하나님의 능력 가운데 동정녀 마리아의 몸을 빌려 성령으로 잉태되셨기 때문에 아담의 후예가 아닙니다(마 1:18~21).

셋째로, 원수 마귀를 이길 수 있는 힘이 있어야 합니다.

다른 사람의 빚을 갚아 주고 싶은 마음이 아무리 간절하여도 자신에게 그만한 재력이 없으면 소용이 없습니다. 마찬가지로 죄를 대속해 주려면 그만한 힘이 있어야 합니다.

영계에서는 죄가 없는 것이 힘이므로 원수 마귀에게 빼앗긴 아담의 권세를 회복하려면 죄가 없어야 합니다. 그래야만 원수 마귀를 지배하고 다스릴 수 있는 권세를 지닐 수 있기 때문입니다. 과연 예수님이 토지 무르기 세 번째 조건에 합당한 자격을 갖추었을까요?

영의 세계에서는
무엇이
힘일까요?

예수님은 아담의 후예가 아니기 때문에 원죄가 없습니다. 생후 8일 만에 할례를 받고 십자가에 달려 돌아가시기까지 33년 동안 율법을 온전히 지켜 행하셨으니 스스로 짓는 자범죄도 전혀 없으셨지요. 오직 하나님의 뜻에 순종하며 사랑으로 율법을 완성하신 온전한 분입니다. 이처럼 예수님께서는 전혀 죄가 없으시므로 토지 무를 힘이 있습니다.

넷째로, 목숨까지도 줄 수 있는 사랑이 있어야 합니다.

앞서 설명한 세 가지 조건이 모두 성립된다고 해도 가장 중요한 사랑이 없으면 아무 소용이 없습니다. 형이 아무리 부자라 해도 사랑이 없으면 동생의 빚을 갚아 줄 수 없는 것과 마찬가지이지요.

룻기 4장을 보면 보아스가 가난했던 나오미의 형편을 알고 가장 가까운 근족에게 기업 무르기를 권하는 장면이 나옵니다.

토지 무르기 법칙에서
가장 중요한 것은
무엇인가요?

그러자 그는 "나는 내 기업에 손해가 있을까 하여 나를 위하여 무르지 못하노니 나의 무를 권리를 네가 취하라 나는 무르지 못하겠노라" 합니다. 그 토지를 무를 수 있는 가장 가까운 근족은 자신이 손해를 입지 않으려고 토지 무르기를 거부했던 것입니다.

이렇게 근족이 기업을 무를 수 있는 힘이 있다 해도 사랑이 없으면 무를 수 없습니다. 결국 나오미의 다음 근족인 보아스가 기업을 무를 수 있는 힘이 있고 사랑도 있어서 그를 대신하였던 것을 볼 수 있습니다.

예수님께는 인류를 향한 크신 사랑이 있었습니다. 만일 예수님께서 십자가에 달려 피 흘려 죽으시는 희생적인 사랑이 없었다면 범죄한 아담으로 인해 원수 마귀의 자녀가 된 사람들을 하나님 자녀로 되찾아 올 수 있었을까요?

예수님께서는 이 땅에 오셔서 죄인을 용서하시고, 각색 병든 사람들을 치료하며, 흉악의 결박을 풀어 주시고, 평화와 기쁨과 사랑을 주시며 오직 선만 행하셨습니다. 그런데도 온갖 고난과 멸시를 당하시고 마침내는 온 인류의 죄를 대신 지고 나무 십자가에 못 박혀 죽으셨습니다.

이처럼 예수님의 엄청난 희생과 사랑이 있었기에 인간 구원의 길이 열린 것입니다. 그러므로 아무 죄 없이 나무 십자가에 달려 죽으셨다가 삼 일 만에 부활하신 예수 그리스도를 믿으면 누구든지 하나님의 자녀 된 권세를 얻고 하늘나라 생명책에 그 이름이 기록됩니다.

오직 예수님만이 토지 무르기에 합당한 자격을 갖추신 분이며, 사망 권세를 깨뜨리고 부활하신 예수 그리스도 외에 다른 이로서는 결코 구원을 얻을 수 없습니다(행 4:12). 이러한 사실을 깨달아 예수 그리스도를 영접함으로 하나님의 자녀 된 권세를 회복하고 만사형통한 삶을 영위하시기 바랍니다.

Plus

'원죄'란?
아담의 불순종 이후 모든 인류는 부모의 기를 통해 죄성을 가지고 태어나는데 이를 원죄라 한다.

'자범죄'란?
사람이 태어나 성장하면서 스스로 짓는 죄를 말한다.

Chapter 5

만세 전에 감추어진 비밀

만세 전에 감추어진 비밀에 담긴
하나님의 지혜와 사랑을 깨닫고
하나님의 자녀 된 권세와 축복을 누리게 한다.

읽을 말씀: 고린도전서 2:6~10
… 오직 비밀한 가운데 있는 하나님의 지혜를 말하는 것이니
곧 감추었던 것인데 하나님이 우리의 영광을 위하사
만세 전에 미리 정하신 것이라 …

외울 말씀: 요한복음 1:12
영접하는 자 곧 그 이름을 믿는 자들에게는
하나님의 자녀가 되는 권세를 주셨으니

참고 말씀: 창세기 3:14~15
여호와 하나님이 뱀에게 이르시되 네가 이렇게 하였으니
네가 모든 육축과 들의 모든 짐승보다 더욱 저주를 받아
배로 다니고 종신토록 흙을 먹을지니라 …

사랑의 하나님께서는 아담의 불순종으로 모든 사
람이 사망의 길로 가게 될 것을 만세 전부터 아셨습니다. 그래서 놀라운
지혜 가운데 인간 구원의 길을 예비하시고 때가 이르기까지 비밀리에 감
추어 두셨지요. 만약 원수 마귀가 이러한 비밀을 안다면 범죄한 아담으
로부터 넘겨받은 모든 권세를 빼앗기지 않고자 인간 구원의 섭리를 훼방
할 수 있기 때문입니다.

1. 만세 전에 감추어진 비밀

하와를 유혹하여 선악과를 따 먹게 한 뱀은 하나님의 저주를 받아 배
로 다니고 종신토록 흙을 먹게 되었습니다(창 3:14). 하나님께서 "여자
의 후손은 네 머리를 상하게 할 것이요" 말씀하셨기에 간교한 뱀을 사
주한 원수 마귀 사단은 여자의 후손, 곧 예수님이 태어나 자신을 상하게

할 것을 알았습니다. 그래서 예수님께서 탄생하실 당시 간악한 헤롯 왕을 사주하여 아기 예수님을 죽이기 위해 베들레헴과 그 주변에 두 살 이하의 모든 사내아이를 죽였던 것입니다.

하나님께서는 주의 사자를 통해 요셉에게 현몽하여 아기 예수와 마리아를 데리고 애굽으로 피하게 하셨습니다. 헤롯이 죽자 예수님은 애굽을 떠나 갈릴리 지방 나사렛에 살면서 공생애를 준비하셨습니다. 30세부터는 구세주의 사명을 감당하기 위해 공생애에 들어가 살아 계신 하나님을 증거하셨습니다. 천국 복음을 전파하시며 병든 사람을 고쳐 주시고 귀신을 쫓아내시니 많은 사람이 믿고 따랐습니다.

원수 마귀 사단은 예수님을 없애 버려야 자신들이 세세토록 세상을 주관할 수 있을 것이라 생각했지요. 그래서 대제사장과 서기관들과 바리새인들을 사주하여 예수님을 죽이고자 계략을 꾸몄습니다. 결국 예수님의 머리에 가시관을 씌우고 십자가에 양손, 양발을 못 박았습니다.

원수 마귀 사단은
왜
예수님을
없애려고 했나요?

이처럼 철저하게 여자의 후손을 죽였지만 여기에는 하나님의 비밀한 섭리가 감추어져 있습니다. 고린도전서 2장 7~8절에 "오직 비밀한 가운데 있는 하나님의 지혜를 말하는 것이니 곧 감취었던 것인데 하나님이 우리의 영광을 위하사 만세 전에 미리 정하신 것이라 이 지혜는 이 세대의 관원이 하나도 알지 못하였나니 만일 알았더면 영광의 주를 십자가에 못 박지 아니하였으리라" 말씀한 대로입니다. 하나님께서는 아무 죄 없는 독생자 예수님을 십자가에 못 박도록 내어주심으로써 모든 사람이 죄의 문제를 해결받아 구원에 이를 수 있도록 만세 전에 미리 정하신 것입니다.

이러한 인간 구원의 길이 세상에 알려지면 원수 마귀 사단의 훼방으로 인류 구원의 역사를 성취할 수 없으므로 하나님의 지혜로 비밀한 가운데 철저히 감추어 두셨습니다.

하나님께서
인간 구원의 길을
감추어 두신
이유는 무엇인가요?

그러면 예수님의 십자가의 죽음이 어떻게 사망으로 가던 인류에게 구원의 길이 되었을까요?

하나님께서는 공의 가운데 모든 것을 영계의 법칙에 따라 행하시는 분입니다. 나라에도 법이 있듯이 영계에도 법이 있습니다. 그 예로 죄인에게 벌을 가하는 '죄의 삯은 사망'이라는 영계의 법칙이 있습니다(롬 6:23). 사망은 죄인에게만 해당되는 것입니다. 그런데 아무런 죄도 흠도 없는 예수님을 원수 마귀 사단이 사람들을 사주하여 십자가에 못 박아 죽였으니 영계의 법칙을 어긴 것입니다.

이로 인해 첫 사람 아담이 불순종의 죄를 지어 원수 마귀에게 넘겨준 권세를 다시 되돌려 받을 수 있는 길이 열렸습니다. 만일 원수 마귀 사단이 하나님의 비밀한 섭리를 알았다면 예수님을 나무 십자가에 달려 죽게 하지 않았을 것입니다.

로마서 5장 18절에 "그런즉 한 범죄로 많은 사람이 정죄에 이른 것 같이 의의 한 행동으로 말미암아 많은 사람이 의롭다 하심을 받아 생명에 이르렀느니라" 말씀합니다. 첫 사람 아담의 범죄로 인해 그의 후손인 모든 사람이 죽게 된 것같이, 예수 그리스도로 말미암아 많은 사람이 참 생명과 영생을 얻게 된 것입니다.

예수님께서는 영계의 법에 따라 모든 사람을 구원하기 위해 육신을 입고 이 땅에 오셨습니다. 사람으로서 아담의 후예가 아니어야 하기 때문에 동정녀 마리아의 몸을 빌려 성령으로 잉태되어 나셨지요. 원죄와 자범죄가 없었기에 원수 마귀를 이길 힘이 있었고, 사랑이 있었기에 우리의 죄를 대신 지고 십자가에 달려 죽으셨습니다. 그런데 원수 마귀는 전혀 죄가 없는 예수님을 십자가에 못 박아 죽였으니 영계의 법을 어긴 것입니다.

만세 전에
감추어진 비밀이란
무엇인가요?

이로 인해 사망 권세를 깨뜨리고 부활하신 예수 그리스도를 영접하여 그 이름을 믿는 사람은 누구든지 하나님의 자녀 된 권세를 얻을 수 있는 길이 열렸습니다. 이것이 바로 만세 전에 감춰진 비밀이요, 측량할 수 없는 하나님의 지혜이며 사랑입니다.

2. 하나님의 자녀 된 권세와 축복을 받으려면

하나님의 자녀 된 권세는 이 세상의 어떤 권세와도 비교할 수 없습

니다. 한 나라의 왕의 자녀라 할지라도 권세가 대
단한데 하물며 인류 역사를 주관하시고 우주
만물을 치리하시는 창조주 하나님의 자녀
된 권세는 어떠하겠습니까.

교인과 성도의
차이는
무엇일까요?

　교회에 나오는 사람 중에는 예수 그리스
도를 영접하고 성령을 받은 하나님의 자녀 곧 성
도(聖徒)가 있는가 하면, 교회만 왔다 갔다 하는 교인(敎人)이 있습니
다. 교인은 교회에 출석하고 있을 뿐, 믿음이 있는 것이 아니므로 하나
님의 자녀 된 권세와 축복을 받을 수 없습니다. 만일 성도의 반열에 들
지 못한다면 세상 사람과 다를 바가 없기에 마음의 문을 열고 예수 그리
스도를 영접하여 하나님의 자녀가 되어야 합니다.

　요한복음 4장에는 사마리아 여인이 구세주로 오신 예수님을 영접하
는 과정과 그녀가 예수님을 영접한 후 사람들에게 복음을 전하니 많은
사마리아인이 예수님 앞에 나아오는 장면이 기록되어 있습니다.

　예수님 당시 유대인들은 사마리아인이 이방 민족과 혼혈이라는 이
유로 그들과 상종하지 않을뿐더러 사마리아 땅을 밟으려 하지도 않았
습니다. 혹 그 땅을 거쳐 가야 할 경우에는 멀리 돌아서 다닐 정도였습
니다. 그러나 예수님께서는 이를 전혀 개의치 않으셨지요. 마침 사마리
아 땅을 지나면서 우물가에 앉아 계시다가 물을 길으러 온 사마리아 여
인에게 "물을 좀 달라"고 말씀합니다.

그 당시 지역 특성상 이스라엘의 여행자들은 항상 물을 가지고 다녔습니다. 그래서 물이 떨어질 리 없고 설령 물이 떨어졌어도 제자들이 먹을 것을 사러 동네에 들어갔으니 잠깐 기다리면 되는데 예수님께서는 왜 사마리아 여인에게 물을 달라고 부탁하신 것일까요?

요한계시록 3장 20절에 "볼지어다 내가 문밖에 서서 두드리노니 누구든지 내 음성을 듣고 문을 열면 내가 그에게로 들어가 그로 더불어 먹고 그는 나로 더불어 먹으리라" 말씀합니다. 이처럼 예수님은 복음을 전하기 위해 사마리아 여인의 마음을 두드린 것입니다. 결국 여인은 물론 동네 사람들도 마음 문을 열고 예수님을 구세주로 영접하였습니다.

이처럼 하나님께서 전도자를 통해 마음을 두드리실 때 누구든지 마음 문을 열고 예수님을 구세주로 영접하면 하나님의 자녀 된 권세를 받아 천국에 들어갈 수 있습니다. 요한복음 1장 12절에 "영접하는 자 곧 그 이름을 믿는 자들에게는 하나님의 자녀가 되는 권세를 주셨으니" 말씀한 대로입니다.

천국에 들어가려면
주님을 영접한 후
어떻게 해야 할까요?

그런데 예수님께서는 "나더러 주여 주여 하는 자마다 천국에 다 들어갈 것이 아니요 다만 하늘에 계신 내 아버지의 뜻대로 행하는 자라야 들어가리라"(마 7:21) 말씀하셨습니다. 야고보서 2장 14절에 기록된 대로 행함이 없는 믿음으로는 구원받을 수 없기 때문입니다.

하나님께서 왜 사람을 창조하시고 선악과를 두셨는지, 왜 예수님만이 구세주가 되시며 어떻게 구원에 이르게 하는지 인간 구원의 섭리를 깨달아 하나님의 뜻대로 행할 때라야 천국에 들어갈 수 있습니다.

우리가 과일의 맛을 알려면 단순히 겉모양만 보는 것이 아니라 반드시 먹어 봐야 합니다. 이처럼 '예수님이 우리의 구세주이시다'라고 막연히 아는 것이 아니라, 어떻게 해서 예수님이 우리의 구세주가 되시는지 십자가의 섭리를 깨달아야 행함이 따르는 믿음이 될 수 있습니다.

사랑의 하나님께서는 멸망의 길로 가는 인생들을 구원하기 위해 만세 전에 예수 그리스도를 예비하셨습니다. 인간 구원의 길을 완성하기 위해 예수 그리스도를 이 땅에 보내 주신 하나님의 크신 사랑을 깨닫고 오직 하나님의 뜻대로 행하여 하나님의 자녀 된 권세와 축복을 마음껏 누리시기 바랍니다.

Plus

유대인들이 사마리아인을 적대시한 이유는?

원래 사마리아인들도 아브라함의 자손이요 가나안 정복 때 함께 전쟁에 참여했던 사람들이다. 그런데 B.C. 721년 사마리아가 속한 북이스라엘이 앗수르에 멸망당했다. 지배국 앗수르의 혼합정책에 따라 이방인들이 그 땅에 유입되자 사마리아인들이 그들과 결혼하여 혼혈족이 되므로 그때부터 유대인들이 적대시하게 되었다.

사랑의 위력

한 사람이 경비행기를 타고 사막을 횡단하다가 추락하고 말았습니다.
그는 세계적인 재벌의 아들이었습니다.

그의 아버지는 수색대를 동원하여 아들을 찾다가 찾지 못하자
수백만 장의 전단을 사막에 뿌립니다.
한정된 지면에는 다음과 같은 글을 넣었습니다.

"아들아, 너를 사랑한다."

사막을 헤매던 아들은 그 전단을 보고 힘을 얻었고
결국 희망의 끈을 놓지 않고 살아남아 구출되었습니다.
아버지의 진실한 사랑이 아들을 살린 것입니다.

사막에 뿌린 전단과 같이 우리도 많은 영혼에게
하나님의 사랑을 전달할 사명이 있습니다.
율법을 주신 하나님께서는 죄인 된 인류를 구원하기 위해
독생자 예수님을 이 땅에 보내심으로 자신의 사랑을 확증하셨습니다.
공의를 뛰어넘는 사랑으로 율법을 완성하신 것입니다.

| 이재록 목사 저서 『사랑은 율법의 완성』 중에서 |

Part 2

십자가의 도

Six Day Manna

"다른 이로서는 구원을 얻을 수 없나니

천하 인간에 구원을 얻을 만한 다른 이름을 우리에게

주신 일이 없음이니라 하였더라"

사도행전 4:12

Chapter 6

나무 십자가에 달리신
예수님

아무 죄도 없는 예수님께서
저주받은 사람들이 달리는 나무 십자가에
달리셔야 한 이유를 알아본다.

읽을 말씀: 갈라디아서 3:13~14

그리스도께서 우리를 위하여 저주를 받은바 되사
율법의 저주에서 우리를 속량하셨으니 기록된바 나무에 달린 자마다
저주 아래 있는 자라 하였음이라 …

외울 말씀: 갈라디아서 3:14

이는 그리스도 예수 안에서 아브라함의 복이
이방인에게 미치게 하고 또 우리로 하여금 믿음으로 말미암아
성령의 약속을 받게 하려 함이니라

참고 말씀: 이사야 53:4~6

… 그가 찔림은 우리의 허물을 인함이요
그가 상함은 우리의 죄악을 인함이라 …

이는 그리스도 예수 안에서 아브라함의 복이 이방인에게 미치게 하고 또 우리로
하여금 믿음으로 말미암아 성령의 약속을 받게 하려 함이니라 갈라디아서 3:14

십자가는 참혹한 사형의 도구요 영적으로 볼 때는
저주의 상징입니다. 그런데 하나님의 독생하신 아들 예수님께서 육신을
입고 이 땅에 오셔서 모든 인류를 살리기 위해 나무 십자가에 달려 죽으
셨습니다. 이로써 십자가는 저주의 의미가 아닌 한량없는 주님의 사랑과
구원을 상징하게 되었지요. 인류의 모는 저주를 예수님께서 한 몸에 지
고 십자가에 달리심으로 우리가 구원받아 천국에 갈 수 있게 되었기 때문
입니다.

1. 예수님께서 나무 십자가에 달리신 이유

예수님께서 나무 십자가에 달려 피 흘리신 데에는 깊은 영적인 의미
가 있습니다. 갈라디아서 3장 13~14절을 중심으로 예수님께서 나무 십
자가에 달려 피 흘리신 이유를 세 가지로 나누어 살펴보겠습니다.

갈라디아서 3장 13절에 "그리스도께서 우리를 위하여 저주를 받은 바 되사 율법의 저주에서 우리를 속량하셨으니 기록된바 나무에 달린 자마다 저주 아래 있는 자라 하였음이라" 말씀합니다. 예수님께서 나무 십자가에 달려 죽으심으로써 모든 인류를 율법의 저주에서 속량하셨다는 것입니다.

첫 사람 아담이 범죄함으로 그의 후손들 또한 죄인이 되어 저주받아 사망의 길로 갈 수밖에 없었습니다. 로마서 6장 23절에 기록된 대로 '죄의 삯은 사망'이라는 율법의 저주 아래 놓인 것입니다. 이러한 저주에서 속량하려면 영계의 법칙에 따라 저주를 받아 나무에 달려야 합니다(신 21:23).

예수님은 율법의 저주를 속량하기 위해 어떠한 희생을 치르셨을까요?

그러므로 예수님께서는 모든 사람을 율법의 저주에서 구원하고자 대신 저주를 받아 나무 십자가에 달리신 것입니다. 이로써 우리가 율법의 저주에서 놓여 하나님의 자녀 된 권세를 얻는 길이 열렸습니다.

레위기 17장 11~14절에 "육체의 생명은 피에 있음이라 … 피가 죄를 속하느니라 … 모든 생물은 그 피가 생명과 일체라" 말씀했습니다. 육체는 피가 있어야 생명이 유지되고 피가 없으면 죽을 수밖에 없습니다. 마찬가지로 우리가 영생할 수 있는 영의 생명을 얻으려면 피 흘림으로 죄 사함을 받아야 합니다. 히브리서 9장 22절에 "율법을 좇아 거의 모든 물건이 피로써 정결케 되나니 피 흘림이 없은즉 사함이 없느니라" 하신 대로 반드시 생명과 일체인 피를 흘려야 합니다. 따라서 구약 시대에는 죄를 지을 때마다 짐승의 피로 제사를 드렸습니다.

그러나 때가 이르자 예수님께서 희생제물이 되어 원죄와 자범죄가 없는 깨끗한 피를 흘려 주심으로 단번에 모든 사람이 온전히 죄를 용서받고 영생의 길로 갈 수 있는 길이 열렸습니다. 이제는 짐승을 잡아 제사드릴 필요가 없이 단지 예수 그리스도를 믿음으로 모든 죄를 사함 받아 구원에 이르게 된 것입니다.

둘째로, 아브라함의 복을 이방인에게 미치게 하기 위해서입니다.

갈라디아서 3장 14절에 "이는 그리스도 예수 안에서 아브라함의 복이 이방인에게 미치게 하고" 말씀합니다. 예수님께서 나무 십자가에 달리신 이유가 믿음의 조상 아브라함에게 허락한 복이 선민 이스라엘뿐 아니라 예수님을 구세주로 영접하여 믿음으로 의롭게 된 모든 사람에게 미치게 하기 위해서라는 것입니다.

성경을 보면 아브라함은 믿음의 조상이요, 하나님의 벗이라는 축복을 받았습니다. 뿐만 아니라 자녀, 건강, 장수, 물질 등 이 땅에서 누릴 수 있는 모든 복을 받았습니다.

창세기 22장 17~18절에 아브라함이 크게 축복받은 이유가 나와 있

하나님께서 믿음의 조상 아브라함에게 허락하신 축복은 무엇일까요?

습니다. "내가 네게 큰 복을 주고 네 씨로 크게 성하여 하늘의 별과 같고 바닷가의 모래와 같게 하리니 네 씨가 그 대적의 문을 얻으리라 또 네 씨로 말미암아 천하 만민이 복을 얻으리니 이는 네가 나의 말을 준행하였음이니라" 말씀했습니다.

아브라함이
하나님께 큰 축복을
받을 수 있었던
이유는 무엇일까요?

아브라함은 하나님께서 "너의 본토 친척 아비 집을 떠나 내가 네게 지시할 땅으로 가라"(창 12:1) 하셨을 때에 믿음으로 순종하였습니다. 또 '네 아들 네 사랑하는 독자 이삭을 번제로 드리라'(창 22:2) 하셨을 때도 어떤 이유나 핑계를 대지 않고 순종하였습니다.

하나님께서 능히 죽은 자 가운데서 다시 살리실 줄 믿었기 때문입니다(히 11:19). 이처럼 아브라함은 확고한 믿음을 가졌기에 하나님의 놀라운 사랑과 축복을 받아 믿음의 조상이요, 복의 근원이 된 것입니다.

그러므로 우리를 위해 나무 십자가에 달려 죽으신 예수님을 구세주로 영접하여 아브라함과 같은 믿음을 소유하면, 누구든지 아브라함과 같이 모든 복을 받아 누릴 수 있습니다.

셋째로, 믿음으로 성령의 약속을 받게 하기 위해서입니다.

갈라디아서 3장 14절에 "우리로 하여금 믿음으로 말미암아 성령의 약속을 받게 하려 함이니라" 했습니다. 이는 나무 십자가에 달리신 예수님을 구세주로 믿는 사람마다 율법의 저주에서 풀려나 믿음으로 성령의 약속을 받게 하기 위해서라는 것입니다.

우리가 예수님을 구세주로 영접하면 하나님의 자녀 된 권세를 얻고 그 증표로 성령을 선물로 받게 됩니다(요 1:12 ; 롬 8:16). 성령을 받은 사람은 하나님을 아바 아버지라 부를 수 있고, 그 이름이 하늘나라 생명책에 기록되어 하늘나라 시민권을 가진 천국 백성이 됩니다. 하나님의 마음이며 능력인 성령께서 우리 마음 안에 오시면 하나님 말씀을 깨닫고 진리 안에 살 수 있도록 인도해 주십니다. 위로부터 믿어지는 믿음을 주어 영생에 이를 수 있도록 도와주시지요.

로마서 10장 9절에 "네가 만일 네 입으로 예수를 주로 시인하며 또 하나님께서 그를 죽은 자 가운데서 살리신 것을 네 마음에 믿으면 구원을 얻으리니" 하셨습니다. 즉 예수님을 구세주로 시인할 뿐 아니라 예수님께서 사망 권세를 깨뜨리고 부활하신 것을 마음에 믿어야 구원에 이를 수 있다는 것입니다.

여러분은 구원과 영생, 부활의 확신이 있습니까?

우리가 원수 마귀의 종이 되었을 때에는 시험 환난과 온갖 고통을 당하며 마침내는 지옥에 떨어져 세세토록 형벌을 받아야 했습니다. 하지만 주님을 영접하여 성령을 받음으로 하나님의 자녀가 되어 구원과 영생, 부활의 영광을 누릴 수 있게 된 것입니다.

2. 예수님께서 십자가에 달려 겪으신 고통

예수님 당시 죄인들의 처형법은 칼로 죽이거나, 사자굴에 던지거나, 십자가에 매달거나, 시체와 함께 묶어 매장하는 등 잔인하고 끔찍했습니다. 그중에서도 십자가의 처형이 가장 가혹한 처형법이었지요. 그러면 십자가에 달리신 예수님은 어떠한 고통을 받으셨을까요?

십자가의 처형법은 큰 나무로 만든 십자가에 사람을 묶어 놓고 양손과 양발에 큰 못을 박아 여러 시간 매달아 죽게 하는 방법입니다. 참수형을 당한다면 죽음의 고통이 그나마 순간에 끝날 수 있지만 십자가 처형은 숨을 거둘 때까지 십자가에 매달려 피와 물을 쏟아야 하기 때문에 그 고통은 이루 말로 다 표현할 수 없습니다. 더군다나 호흡 곤란으로 인한 고통과 체중으로 인해 못 박힌 양손과 양발이 찢기는 극심한 고통을 겪어야 하지요.

예수님은 머리에 가시관을 쓰시고 온몸은 채찍에 맞아 피투성이가 된 채, 나무 십자가에 매달려 뜨거운 햇볕 아래 여러 시간 고통을 받으셨습니다. 어디선가 피 냄새를 맡고 몰려온 벌레들은 예수님의 상처 난 몸에 달라붙어 물어뜯었지요.

그뿐 아니라 악한 자들은 십자가에 달리신 예수님을 향해 "성전을 헐고 사흘에 짓는 자여

나무 십자가에 달리신
예수님은
어떠한 고통을
받으셨을까요?

네가 만일 하나님의 아들이어든 자기를 구원하고 십자가에서 내려오라"고 모욕하였습니다(마 27:39~40).

이같이 예수님의 십자가 처형은 참으로 인간으로서는 견디기 힘든 엄청난 고통이 따르는 것이었습니다. 하지만 예수님께서 정작 고통스러워한 것은 육체의 괴로움이나 사람들의 희롱과 멸시가 아니었습니다. 인류의 저주를 한 몸에 담당했건만 이 사실을 알지 못하는 영혼들, 마음이 완악하여 믿지 않으므로 여전히 사망의 길로 가게 될 불쌍한 영혼들 때문이었습니다.

우리는 이러한 주님의 십자가 고난을 기억하고 그 은혜와 사랑을 결코 잊지 말아야 하겠습니다. 율법의 저주에서 우리의 죄를 속량해 주신 주님의 은혜에 어찌하면 보답할까 하는 심정으로 날마다 그리스도의 향기를 발하시기 바랍니다.

Plus

'예수'란?
자기 백성을 저희 죄에서 구원할 자란 뜻이다.

'그리스도'란?
메시아라는 히브리어를 헬라어로 번역한 것으로서 기름 부음을 받은 자란 뜻이다. 즉 하나님과 사람 사이의 화목자이고 중보자인 구세주의 직임을 가리킨다. 따라서 예수는 구원할 자라는 미래형의 표현이고, 그리스도는 구원자로서 완성형의 표현이다.

Chapter 7

십자가에 달려 물과 피를
다 쏟으신 예수님

로마 군병이 예수님의 다리를 꺾지 않은 이유와
예수님께서 옆구리를 창에 찔려
물과 피를 쏟으신 섭리를 알아본다.

읽을 말씀: 요한복음 19:32~36
··· 예수께 이르러는 이미 죽은 것을 보고 다리를 꺾지 아니하고
그중 한 군병이 창으로 옆구리를 찌르니 곧 피와 물이 나오더라 ···

외울 말씀: 베드로후서 1:4
이로써 그 보배롭고 지극히 큰 약속을 우리에게 주사
이 약속으로 말미암아 너희로 정욕을 인하여 세상에서
썩어질 것을 피하여 신의 성품에 참예하는 자가 되게 하려 하셨으니

참고 말씀: 요한복음 1:14
말씀이 육신이 되어 우리 가운데 거하시매 우리가 그 영광을 보니
아버지의 독생자의 영광이요 은혜와 진리가 충만하더라

하나님께서 참 자녀를 얻기 위해 베푸신 섭리 가운데 가장 중요한 대목은 바로 예수님이 십자가에 달려 인류 구원의 섭리를 완성하신 순간입니다. 천지 만물의 창조 이후로 가장 감동적이며, 하나님의 한량없는 사랑이 극적으로 나타난 사건이지요. 우리가 십자가의 섭리를 알고 마음 중심으로 믿을 때 가난이나 질병, 그 외 어떤 문제도 해결받고 영원한 천국을 소유할 수 있습니다.

그러면 로마 군병이 예수님의 다리를 꺾지 않은 이유와 예수님께서 옆구리를 창에 찔려 물과 피를 쏟으신 섭리에 대해 살펴보겠습니다.

1. 십자가에 달린 예수님의 다리를 꺾지 않은 이유

예수님께서 십자가에 달려 운명하신 날은 안식일 바로 전날인 금요일이었습니다. 다음 날 토요일은 유대인들이 크게 여기는 거룩한 안식

일이었기 때문에 시체들을 십자가에 그대로 방치해 둘 수가 없었습니다. 그래서 유대인들은 빌라도 총독을 찾아가 십자가에 처형한 사람들의 다리를 꺾어 시체를 치워 달라고 합니다.

총독의 허락이 떨어지자 로마 군병들은 먼저 강도들이 빨리 숨을 거두도록 다리를 꺾어 처리하였습니다. 그러나 예수님께 이르러는 이미 죽은 것을 확인하고 다리를 꺾지 않았습니다(요 19:33).

예수님의 다리뼈는 왜 꺾을 수 없었을까요?

여기에는 하나님의 크신 섭리가 있습니다. 예수님은 죄가 전혀 없습니다. 그런데 모든 인류를 율법의 저주에서 속량하기 위해 대신 저주를 받아 나무 십자가에 달려 돌아가셨습니다. 결코 자신의 죄 때문에 십자가에 달린 것이 아닙니다. 따라서 로마 군병이 예수님의 다리뼈를 꺾을 수 없었습니다.

또한 시편 34편 20절에 "그 모든 뼈를 보호하심이여 그중에 하나도 꺾이지 아니하도다" 하신 말씀을 이루기 위해 하나님께서 예수님의 다리뼈가 꺾이지 않도록 친히 보호해 주신 것입니다.

하나님께서는 이스라엘 백성에게 어린양을 먹되 그 뼈를 하나도 꺾지 말라고 하셨지요(민 9:12 ; 출 12:46). 여기서 어린양은 예수 그리스도를 상징합니다. 양이 사람에게 젖과 고기는 물론 털과 가죽까지 다 내어주듯이 예수님께서는 자기를 온전히 희생하여 화목제물로 내어주기까지 우리를 사랑하셨습니다.

2 창으로 옆구리를 찔리신 예수님

요한복음 19장 33~34절을 보면 "예수께 이르러는 이미 죽은 것을 보고 다리를 꺾지 아니하고 그중 한 군병이 창으로 옆구리를 찌르니 곧 피와 물이 나오더라" 말씀합니다.

예수님은 근본 하나님과 본체시나 하나님과 동등하게 여기지 않고 오히려 자기를 비워 종의 형체를 가져 사람들과 같이 되었습니다(빌 2:6~7). 그리고 아무 죄 없이 나무 십자가에 달려 죽음으로써 우리에게 구원의 길을 열어 주셨지요.

이 땅에서 사역하시는 동안 기사와 표적을 베풀며 포로 된 사람에게는 자유를 주고 병든 사람과 연약한 사람들을 치료해 주셨습니다. 한 영혼이라도 더 구원하고자 제대로 드시지도 못하고 주무시지도 못한 채 천국 복음을 전파하며, 틈만 나면 산에 올라 기도하셨습니다.

예수님은 오직 선만 행하셨는데도 유대인들에게 온갖 핍박과 멸시 천대를 받고 끝내 십자가에 못 박혀 돌아가셨습니다. 로마 군병은 예수님의 죽음을 확인하였음에도 불구하고 창으로 옆구리를 찔렀습니다.

운명하신 예수님을 창으로 찌른 군병이 시사하는 바는 무엇일까요?

이는 사람이 얼마나 잔인하고 악한지를 여실히 증명해 줍니다. 사랑의 하나님께서는 사람들의 이 같은 악함을 이미 알고 있었습니다. 그런데도 예수 그리스도를 이 땅에 보내 십자가의 보혈로 우리의 죄를 대속하게 하셨으니 이 얼마나 큰 사랑인지요.

그래서 로마서 5장 8절에 "우리가 아직 죄인 되었을 때에 그리스도께서 우리를 위하여 죽으심으로 하나님께서 우리에게 대한 자기의 사랑을 확증하셨느니라" 말씀하신 것입니다.

3. 예수님께서 물과 피를 다 쏟으신 섭리

예수님께서
사람의 몸으로
이 땅에 오신 증거는
무엇일까요?

창으로 옆구리를 찔린 예수님의 몸에서 피와 물이 흘러나왔는데, 그 의미는 크게 세 가지로 볼 수 있습니다.

첫째로, 예수님께서 사람으로 오신 증거입니다.

요한복음 1장 1절에 "말씀은 곧 하나님이시니라" 했고, 요한복음 1장 14절에는 "말씀이 육신이 되어 우리 가운데 거하시매" 했습니다. 즉 하나님께서 친히 육신을 입고 이 땅에 오셨는데 그분이 바로 예수님이라는 말씀입니다.

죄인은 하나님을 보면 죽을 수밖에 없기 때문에 하나님께서는 사람들에게 직접 나타나실 수 없습니다. 그래서 예수님께서 하나님의 아들로서 사람의 몸을 입고 이 땅에 오셔서 하나님의 증거를 나타내 주신 것입니다.

성경을 보면 예수님이 우리와 같은 성정을 지녔음을 증거하고 있습니다. 마가복음 3장 20절에 보면 "집에 들어가시니 무리가 다시 모이므로 식사할 겨를도 없는지라" 하였고, 마태복음 8장 24절에는 "바다에 큰 놀이 일어나 물결이 배에 덮이게 되었으되 예수는 주무시는지라" 하였습니다.

어떤 사람은 하나님의 아들이 어찌 배고픔과 고통을 느끼겠느냐고 하지만 예수님은 우리와 똑같이 뼈와 살이 있는 육체를 가지고 계셨습니다. 그러니 때가 되면 드시고 주무셨으며, 때로는 슬픔도 느끼셨지요. 이처럼 하나님의 아들이지만 사람의 몸을 입고 이 땅에 오신 것을 확증해 주기 위해 피와 물을 쏟으신 것입니다.

둘째로, 육신을 가진 사람이라도 예수 그리스도를 닮아 신의 성품에 참예할 수 있다는 증거입니다.

하나님께서는 거룩하고 온전한 분이므로 자녀들 역시 거룩하고 온전하기를 원하십니다. 그래서 "내가 거룩하니 너희도 거룩할지어다"(벧전 1:16), "하늘에 계신 너희 아버지의 온전하심과 같이 너희도 온전하라"(마 5:48)고 말씀하셨습니다.

사람이 어떻게
신의 성품에
참예할 수 있을까요?
(벧후 1:5~7)

베드로후서 1장 4절에는 "이로써 그 보배롭고 지극히 큰 약속을 우리에게 주사 이 약속으로 말미암아 너희로 정욕을 인하여 세상에서 썩어질 것을 피하여 신의 성품에 참예하는 자가 되게 하려 하셨으니"라고 하셨습니다. 그러면 신의 성품에 참예한다는 말씀의 의미는 무엇일까요? 하나님께서 거룩하고 온전하신 것처럼 우리도 마음의 죄악을 버리고 거룩하고 온전해지는 것을 말합니다.

육신을 입으신 예수님은 하나님의 뜻에 죽기까지 온전히 순종하심으로 모든 사명을 감당하셨습니다. 오직 선과 진리만 행하시고 가르치셨으며 십자가에 달려 죽으심으로 사랑으로 율법을 완성하셨습니다.

이처럼 사람의 몸을 입으신 예수님께서 친히 본을 보여 주셨기 때문에 우리 또한 모든 죄악을 벗고 거룩한 행실과 마음을 가져 신의 성품에 참예할 수 있습니다. "우리는 사람이라 연약하여 할 수가 없습니다."라고 핑계 대거나 변명할 수 없습니다.

셋째로, 참 생명과 영생으로 인도하는 능력의 피와 물이라는 증거입니다.

예수님의
피와 물은
사람의 것과
어떻게 다를까요?

예수님은 원죄와 자범죄가 없기 때문에 흘리신 피와 물은 흠도 점도 없는 보배로운 것입니다. 이는 영적으로 볼 때 부활할 수 있는 능력의 피와 물이지요. 예수님은 우리와 같은 육신을 입으셨지만 우리의 물과 피와는 전혀 달랐습니다.

이처럼 흠도 점도 없는 예수님께서 거룩한 피를 흘리셨기 때문에 우리가 죄를 용서받고 참 생명을 얻어 부활할 수 있으며 영생할 수 있는 것입니다. 또한 예수님께서 흘리신 물은 영생수로서 하나님 말씀을 의미합니다. 우리가 하나님 말씀을 듣고 깨우쳐 그대로 행하는 만큼 죄악을 벗고 마음을 진리로 채워 하나님의 참 자녀가 될 수 있습니다.

예수님께서 피와 물을 다 쏟으셨다는 것은 우리가 죄를 용서받고 말씀대로 행할 수 있는 능력을 받아 참 생명을 얻게 되었음을 뜻합니다. 사망으로 갈 수밖에 없었던 우리가 예수님의 희생으로 생명을 얻었으니 이 은혜에 보답해 드리기 위해서는 어떻게 해야 할까요?

우리를 위해 희생하신 주님의 사랑과 독생자를 아낌없이 십자가에 내어주신 아버지 하나님의 사랑을 결코 잊지 말고 오직 하나님 말씀대로 살아 신의 성품에 참예하는 자가 되어야 합니다.

Plus

'비아 돌로로사(Via Dolorosa)'란?
라틴어로 '슬픔의 길'이라는 뜻으로서 예수님께서 본디오 빌라도에게 재판을 받으신 곳으로부터 십자가를 지고 골고다로 향해 걸으시던 약 800m 되는 길이다.

Chapter 8

예수님의 겉옷을 나누고
속옷을 제비 뽑게 하신 섭리

예수님의 겉옷을 네 깃으로 나누고
속옷은 찢지 않고 제비 뽑은 섭리가 이스라엘의 역사와
어떠한 연관성이 있는지 알아본다.

읽을 말씀: 요한복음 19:23~24
군병들이 예수를 십자가에 못 박고 그의 옷을 취하여
네 깃에 나눠 각각 한 깃씩 얻고 속옷도 취하니
이 속옷은 호지 아니하고 위에서부터 통으로 짠 것이라 …

외울 말씀: 마태복음 24:34
내가 진실로 너희에게 말하노니
이 세대가 지나가기 전에 이 일이 다 이루리라

참고 말씀: 시편 22:18
내 겉옷을 나누며 속옷을 제비 뽑나이다

예수님은 머리에 가시관을 쓰고 온몸에 심한 채찍질을 당해 피투성이가 된 채 사형집행 장소인 골고다 언덕에 도착하셨습니다. 이때 로마 군병들은 예수님을 십자가에 못 박은 뒤 겉옷을 네 깃으로 나누어 갖지요. 그런데 예수님의 속옷은 나누지 않고 제비를 뽑습니다. 여기에는 하나님의 깊은 섭리가 담겨 있습니다.

1. 예수님의 겉옷을 네 깃으로 나누게 하신 섭리

요한복음 19장 23~24절에 "군병들이 예수를 십자가에 못 박고 그의 옷을 취하여 네 깃에 나눠 각각 한 깃씩 얻고 속옷도 취하니 이 속옷은 호지 아니하고 위에서부터 통으로 짠 것이라 군병들이 서로 말하되 이것을 찢지 말고 누가 얻나 제비 뽑자" 했습니다.

이처럼 하나님께서 예수님의 겉옷과 속옷에 대해 자세히 기록을 남기신 이유는 무엇일까요? 그 해답은 서기 70년 이후 진행된 이스라엘 역사를 통해 잘 알 수 있습니다.

예수님은 유대인의 왕으로 오셨기에 '예수님의 겉옷'은 이스라엘 또는 유대 민족을 지칭합니다. 로마 군병들이 예수님을 십자가에 못 박은 후, 겉옷을 취하여 네 깃으로 나눔으로써 그 옷의 형체가 없어져 버렸습니다. 이것은 이스라엘이라는 나라가 망하여 없어질 것을 의미합니다.

하지만 군병들이 각각 한 깃씩 얻은 것처럼 겉옷 조각은 남아 있었습니다. 이는 나라는 없어져도 이스라엘이라는 이름은 남아 있을 것을 나타내는 것입니다.

예수님의 겉옷이 네 깃으로 나뉜 것처럼 결국 이스라엘은 서기 70년에 멸망하였고 백성들은 동서남북 세계 곳곳으로 흩어지고 말았습니다.

예수님의 겉옷이
네 깃으로 나뉘었다는 것은
영적으로
무슨 의미일까요?

이것이 오늘날까지 유대인이 전 세계에 흩어져 사는 이유입니다. 예루살렘이 로마의 티투스에게 함락될 때 로마군은 예루살렘 성벽을 파괴하고 성전에 불을 질렀습니다. 성전이 불에 타 금으로 입힌 것이 녹아내려 벽과 바닥에 스며들자 군인들은 그 금을 긁어내고자 성전의 돌 위에 돌 하나도 남기지 않고 다 파괴하였습니다.

그리고 임신한 여인의 배를 칼로 가르고 젖먹이를 어미 품에서 빼앗아 죽이는 등 무자비한 살상을 서슴없이 행했습니다. 이때 살아남은 자들은 로마의 포로가 되고 타국의 노예로 끌려갔습니다. 이스라엘이 이렇게 큰 핍박과 환난을 당하게 된 데에는 이유가 있습니다.

서기 70년 이후 이스라엘이 유달리 큰 환난을 당한 이유는 무엇일까요?

마태복음 27장을 보면 빌라도가 민란이 두려워 예수님의 십자가 처형을 언도하면서 "이 사람의 피에 대하여 나는 무죄하니 너희가 당하라"고 합니다. 그러자 유대인들은 "그 피를 우리와 우리 자손에게 돌릴지어다"라고 외쳤습니다.

이 고백대로 유대인들은 무수한 피를 흘려야 했습니다. 서기 70년에 예루살렘이 로마군에게 함락될 때에 무려 110만 명의 유대인이 학살되었고, 2차 세계대전 때에는 약 6백만 명의 유대인이 나치에 희생되었습니다. 그들이 예수님을 벌거벗겨 십자가에 처형하면서 "그 피를 우리와 우리 자손에게 돌릴지어다"라고 한 말이 올무가 되어 2차 세계대전 당시 유대인들도 벌거벗겨 죽임을 당하는 엄청난 환난이 임했습니다.

2 예수님의 속옷을 호지 않고 통으로 짰다는 말씀의 의미

요한복음 19장 23절에 "이 속옷은 호지 아니하고 위에서부터 통으로 짠 것이라" 말씀합니다. 속옷을 호지 않았다는 것은 여러 겹의 헝겊을 겹쳐 꿰매지 않았다는 뜻입니다. 사람들은 속옷에 대해 위에서부터 통으로 짠 것인지, 밑에서부터 짠 것인지 등에는 별 관심이 없습니다.

그런데 하나님께서 예수님의 속옷에 대해 이처럼 세밀하게 기록을 남기신 까닭은 무엇일까요? 이는 이스라엘이 이방 민족과 섞이지 않은 순수 단일민족임을 나타내 주기 위함입니다.

이스라엘의 조상을 야곱이라고 부르는 이유는 무엇일까요?

성경을 살펴보면 인류의 조상은 아담이고, 믿음의 조상은 아브라함이며, 이스라엘의 조상은 야곱이라 했습니다. 하나님께서 이스라엘의 조상을 아브라함이라 하지 않고 야곱이라 한 것은, 야곱에 의해 열두 지파가 형성되고 그들이 이스라엘이라는 국가를 세웠기 때문입니다.

창세기 35장 10~11절에 "네 이름이 야곱이다마는 네 이름을 다시는 야곱이라 부르지 않겠고 이스라엘이 네 이름이 되리라 하시고 그가 그의 이름을 이스라엘이라 부르시고 그에게 이르시되 나는 전능한 하나님이니라 생육하며 번성하라 국민과 많은 국민이 네게서 나고 왕들이 네 허리에서 나오리라" 말씀합니다.

이처럼 이스라엘은 야곱의 열두 아들에 의해 기틀이 형성되어 순수한 단일민족으로 내려왔습니다. 그런데 솔로몬 왕의 아들 르호보암 때 이스라엘이 북이스라엘과 남유다로 분단되고 말지요. 그 후 북이스라엘은 이방 민족과 혼인하여 혼혈족이 됩니다. 하지만 남유다는 이방 족속과 섞이지 않고 계속 순수 혈통을 이어 왔습니다. 바로 이들이 우리가 '유대인'이라 부르는 이스라엘 민족입니다.

따라서 예수님의 속옷을 '호지 아니하고 위에서부터 통으로 짠 것'
이라 하신 말씀은 이스라엘이 야곱에 의해 형성된 이후 지금까지 이방
민족과 섞이지 않은 순수한 단일민족임을 나타냅니다.

3. 예수님의 속옷을 찢지 않고 제비 뽑은 섭리

속옷은 사람의 마음을 의미합니다. 예수님께서는 이스라엘의 왕이
시니 예수님의 속옷은 바로 이스라엘 백성의 마음을 뜻합니다.

이스라엘 백성은 아브라함을 믿음의 조상으로 하여 선택받은 하나
님의 백성으로서 오직 참 신이신 하나님 한 분만을 첫째로 섬겨 왔습니
다. 따라서 예수님의 속옷을 찢지 않았다는 것은, 비록 이스라엘 민족
이 나라는 빼앗기더라도 이스라엘을 이루는 유대인의 민족정신, 즉 하
나님을 섬기는 마음만은 찢어지지 않고 보전된
다는 뜻입니다.

설령 이스라엘이 멸망하여 나라의 형체
가 없어진다 해도 이들의 마음에 계신 하나
님, 즉 하나님을 향한 마음만은 이방인들이
없앨 수 없음을 성경에서 예언한 것입니다.

하나님께서
이스라엘을 선민으로
택하신 이유는
무엇일까요?

하나님께서는 이스라엘이 참으로 변함없는 마음 중심을 소유한 민
족이기에 선민으로 택하셨고, 성경에 기록한 대로 이스라엘 땅에 예수
님을 보내셨으며 마지막 때의 섭리를 이루고 계십니다. 오늘날에도 이

스라엘 사람들은 철저히 율법을 지키려는 변함없는 중심을 지니고 있습니다. 이는 이스라엘의 조상 야곱의 변함없는 중심을 이어받았기 때문입니다.

이스라엘은 서기 70년에 멸망당하였으나 참으로 오랜 세월이 지난 1948년에 독립하여 전 세계를 놀라게 했습니다. 뿐만 아니라 독립한 후 아주 짧은 기간에 선진국가로 떠오르면서 이스라엘 민족의 우수성을 전 세계에 다시 한 번 확증하였지요.

로마 군병이 예수님의 속옷을 찢을 수 없었듯이 어떤 이방인도 하나님을 섬기는 이스라엘 백성의 마음을 빼앗을 수 없었습니다. 그래서 마침내 독립하여 하나님 선민으로서 하나님의 뜻을 이루었던 것입니다.

4. 성경에 예언된 이스라엘의 역사와 마지막 때

마태복음 24장 32~34절을 보면 예수님께서 "무화과나무의 비유를 배우라 그 가지가 연하여지고 잎사귀를 내면 여름이 가까운 줄을 아나니 이와 같이 너희도 이 모든 일을 보거든 인자가 가까이 곧 문 앞에 이른 줄 알라 내가 진실로 너희에게 말하노니 이 세대가 지나가기 전에 이 일이 다 이루리라" 하셨습니다.

이스라엘의 독립과 주님의 재림은 어떤 관계가 있을까요?

이는 예수님께서 제자들에게 주신 주의 임하심과 세상 끝날의 징조에 대한 답변으로 깊은 영적 의미가 담겨 있습니다.

여기서 '무화과나무'란 이스라엘을 상징합니다. 낙엽이 지고 찬바람이 불면 곧 겨울이 오고, 무화과나무가 연해지면 여름이 가까워 옴을 알 수 있습니다. 이처럼 이스라엘이 망하여 없어졌다가 다시 독립하거든 주님의 재림이 가까이 이른 줄 알라는 말씀입니다.

예수님께서 말씀하신 '이 세대'가 얼마의 기간을 의미하는지 정확히는 모르지만 분명한 것은 틀림없이 이루어질 일로서, 이미 이스라엘의 독립을 보았으니 때가 가까이 이르렀음을 알 수 있습니다.

그러므로 주님의 재림을 믿는 성도들은 더욱 깨어 기름 준비하고 신부단장을 잘하여 "주 예수여 어서 오시옵소서!"라고 당당히 맞이할 수 있어야 할 것입니다.

Plus

'티투스'는 어떤 인물일까?

서기 70년 유대 전쟁의 로마 최고 지휘자로서 예루살렘을 함락시켰다. 그는 화산 대폭발로 폼페이 시 전체가 화산재에 매몰되고, 로마의 대화재와 페스트 만연 등의 불행한 사건 속에서 로마의 재건과 구제사업에 전력했다. 또한 전 황제가 착공한 콜로세움을 완성시켰다.

Chapter 9

온몸에 채찍을 맞고
피 흘리신 예수님

예수님께서 채찍에 맞아 흘리신 보혈로 죄 사함을 받고
질병이나 연약함과 상관없는
건강한 삶을 누리게 되었음을 알게 한다.

읽을 말씀: 이사야 53:5~6

그가 찔림은 우리의 허물을 인함이요
그가 상함은 우리의 죄악을 인함이라
그가 징계를 받음으로 우리가 평화를 누리고
그가 채찍에 맞음으로 우리가 나음을 입었도다 …

외울 말씀: 베드로전서 2:24

친히 나무에 달려 그 몸으로 우리 죄를 담당하셨으니
이는 우리로 죄에 대하여 죽고 의에 대하여 살게 하심이라
저가 채찍에 맞음으로 너희는 나음을 얻었나니

참고 말씀: 히브리서 9:22

율법을 좇아 거의 모든 물건이 피로써 정결케 되나니
피 흘림이 없은즉 사함이 없느니라

예수님께서는 십자가에 못 박히시기 전 로마 군병에게 온갖 조롱과 멸시를 받았습니다. 그들은 갈대로 예수님의 머리를 때리고 침을 뱉으며 뾰족한 납덩이가 매달린 채찍으로 온몸을 내리쳤습니다. 채찍이 예수님의 몸을 휘감아 잡아챌 때마다 살점이 떨어져 나가 피가 흐르고 뼈가 드러날 정도였습니다. 하나님의 아들이신 예수님께서 왜 이토록 혹독한 채찍에 맞아 피를 흘리셔야 했을까요?

1. 죄의 문제를 해결하고 질병을 치료하시기 위해

성경 곳곳에는 우리의 구세주가 되신 예수님께서 받으신 십자가 고난의 섭리가 잘 나와 있습니다. 특히 이사야 53장 5~6절에는 "그가 찔림은 우리의 허물을 인함이요 그가 상함은 우리의 죄악을 인함이라 그가 징계를 받음으로 우리가 평화를 누리고 그가 채찍에 맞음으로 우리

가 나음을 입었도다 우리는 다 양 같아서 그릇 행하여 각기 제 길로 갔
거늘 여호와께서는 우리 무리의 죄악을 그에게
담당시키셨도다" 말씀합니다.

왜 예수님은
채찍에 맞아 피를
흘리셔야 했을까요?

예수님께서는 우리의 허물과 죄악 때문
에 찔리고 상하셨습니다. 우리에게 평화를
누리게 하고 모든 질병에서 해방시키려고 징
계를 받으며, 채찍에 맞아 피 흘리신 것입니다.

마태복음 9장에는 침상에 누운 중풍병자를 사람들이 데리고 오자
예수님께서 저희의 믿음을 보고 치료해 주시는 장면이 나옵니다. 예수
님께서는 중풍병자를 치료하시기 전에 "소자야 안심하라 네 죄 사함을
받았느니라" 하시며 죄의 문제부터 해결해 주셨습니다. 그다음에 예수
님께서 "일어나 네 침상을 가지고 집으로 가라"고 명하시니 그 즉시 치
료되어 중풍병자는 일어나 자기 침상을 가지고 걸어갔습니다.

요한복음 5장에서는 예수님께서 38년 동안 치료받지 못한 병자를
치료하신 후에 "보라 네가 나았으니 더 심한 것이 생기지 않게 다시는
죄를 범치 말라"고 당부하셨습니다.

이는 질병으로부터 해방되려면 먼저 하나님 앞에서 죄의 문제가 해
결되어야 하기 때문입니다. 또한 죄를 대속하기 위해서는 반드시 피를
흘려야 하는 것이 영계의 법칙이기 때문에 예수님께서 우리를 대신해
채찍에 맞아 피 흘려 주셨습니다.

마태복음 8장 17절을 보면 "이는 선지자 이사야로 하신 말씀에 우리 연약한 것을 친히 담당하시고 병을 짊어지셨도다 함을 이루려 하심이더라" 말씀합니다. 따라서 예수님이 채찍에 맞아 피를 흘리신 의미를 알고 그 사실을 믿는 사람들은 연약함이나 질병으로 고통받을 이유가 전혀 없습니다.

베드로전서 2장 24절에 "저가 채찍에 맞음으로 너희는 나음을 얻었나니" 말씀한 것은 이미 예수님께서 모든 죄의 문제를 해결하셨기 때문입니다. 예수님께서 채찍에 맞아 피 흘리심으로 우리의 연약함과 병을 짊어지셨으니 우리가 하나님 보시기에 의를 행하면 어떤 질병이나 연약함도 틈타지 않습니다.

출애굽기 15장 26절에 "너희가 너희 하나님 나 여호와의 말을 청종하고 나의 보기에 의를 행하며 내 계명에 귀를 기울이며 내 모든 규례를 지키면 내가 애굽 사람에게 내린 모든 질병의 하나도 너희에게 내리지 아니하리니 나는 너희를 치료하는 여호와임이니라" 말씀한 대로입니다.

우리가 질병이나 연약함으로 고통받지 않으려면 어떻게 해야 할까요?

여기서 하나님 보시기에 의는 사람이 보는 의와 다릅니다. 예를 들어, 사랑하는 자녀가 밖에서 어떤 아이한테 맞고 들어왔습니다. 이때 화가 난 부모는 "왜 너는 맨날 맞고만 다니니? 한 대 맞으면 너는 두 대,

세 대를 때려 줘야지."라고 가르칩니다. 그리고 때린 아이의 부모에게까지 찾아가 따집니다. 꼭 그렇게까지는 않더라도 몹시 속상해합니다. 자신이 받은 만큼 되돌려 줘야 정당한 것이라 여기기 때문이지요. 반면에 하나님께서는 "네 오른편 뺨을 치거든 왼편도 돌려대라" 하며 선으로 악을 이기고, 원수까지도 사랑하며 화평해야 할 것을 말씀하십니다. 이처럼 하나님께서 보시는 의와 사람이 보는 의는 전혀 다름을 알아 진리대로 행해야 합니다.

우리가 하나님을 사랑하면 하나님의 계명과 규례를 지키는 것이 어렵지 않습니다. 기도하면서 스스로 노력하면 하나님께서 은혜와 능력을 주시고, 성령이 도우시므로 쉽게 행할 수 있습니다. 이처럼 하나님 말씀을 청종하고 하나님의 계명과 규례를 지키면 어떠한 질병도 틈타지 않습니다.

질병을
치료받으려면
어떻게 해야
할까요?

설령 질병에 걸렸다 해도 치료하는 분은 하나님이시니 두려울 것이 전혀 없습니다. 무엇이 하나님 보시기에 합당치 못했는지를 발견하여 중심에서 회개하고 돌이키면 사랑의 하나님께서 깨끗이 치료해 주실 수 있기 때문입니다.

그런데 어떤 사람은 입술로는 "전지전능하신 하나님!" 하면서 막상 자신한테 문제가 생기면 세상을 의존합니다. 만일 질병에 걸렸을 때 병원부터 찾는다면 하나님의 전지전능하심을 믿지 못한다는 것이 됩니다. 이런 사람은 하나님을 기쁘시게 할 수 없습니다. 아사 왕이 그 예입니다. 그는 발에 병이 들자 하나님보다 의원을 의지하다가 결국 죽고 맙니다(대하 16장).

3. 예수님께서 보혈을 흘리신 이유

히브리서 9장 22절에는 "율법을 좇아 거의 모든 물건이 피로써 정결케 되나니 피 흘림이 없은즉 사함이 없느니라" 말씀하고 있습니다. 이는 피 흘림이 있어야 죄 사함이 있다는 말씀입니다.

예수님께서 아무 죄 없이 피 흘리신 이유는 무엇인가요?

구약 시대에는 사람이 죄를 지을 때마다 짐승을 잡아 그 피로 속죄하는 제사를 드려야 용서받을 수 있었습니다. 그런데 해마다 늘 같은 제사로 드리는 짐승의 피가 사람의 죄를 온전히 해결할 수는 없었습니다. 일시적인 속죄이므로 온전한 것이 될 수 없었지요. 그래서 하나님의 아들이신 예수님께서 우리의 죄를 사해 주시기 위해 사람의 몸을 입고 이 땅에 오셔서 희생제물이 되어 십자가에 달려 피 흘려 주셨습니다. 레위기 17장 11절에 "육체의 생명은 피에 있음이라 내가 이 피를 너희에게 주어 단에 뿌려 너희의 생명을 위하여 속하게 하였나니 생명이 피에 있으므로 피가 죄를 속하느니라" 말씀했습니다. 이는 육체의 생명이 피에 있으므로 피를 흘림으로 죄를 속한다는 의미입니다.

흠도 점도 없는 예수님께서는 죄의 문제를 해결해 주시기 위해 자신의 몸을 십자가에 내어주셨습니다. 그 흘리신 보혈로 단번에 우리의 모든 죄를 대속해 주신 것입니다.

이에 대해 히브리서 10장 19~20절에는 "형제들아 우리가 예수의 피를 힘입어 성소에 들어갈 담력을 얻었나니 그 길은 우리를 위하여 휘장 가운데로 열어 놓으신 새롭고 산 길이요 휘장은 곧 저의 육체니라" 말씀하셨습니다.

원래 첫 사람 아담은 생령으로서 하나님과 밝히 교통하는 존재였는데 불순종의 죄를 범한 후 하나님과 교통할 수 없게 되었지요. 이런 아담과 그의 후손들을 위해 하나님께서는 죄 사함과 구원의 길을 예비하시고 하나님과 교통할 수 있는 통로를 열어 놓으셨습니다.

성령 시대에는 하나님과 어떻게 교통할 수 있나요?

그 통로가 구약 시대의 제사로서 백성을 대신하여 제사장이 성소에 들어가 하나님과 교통할 수 있었습니다.

신약 시대에는 하나님의 아들 예수님이 육신을 입고 이 땅에 오셔서 십자가에 못 박혀 보혈을 흘려 주심으로 죄의 문제를 해결해 주셨습니다. 이로 인해 우리는 제사장만이 들어가는 성소에 들어갈 수 있는 자격을 얻고 성령 안에서 하나님과 직접 교통할 수 있게 된 것입니다.

구약 시대에는 죄를 지으면 그때마다 짐승의 피로 제사를 드려 정결케 했지만 신약 시대에는 예수님께서 보혈을 흘려 주심으로 더 이상 그럴 필요가 없게 되었습니다. 예수님께서 우리의 과거, 현재, 미래의 죄까지 모두 대속해 주셨기 때문입니다.

예수 그리스도를 믿는 하나님의 자녀들은 더 이상 질병이나 연약함으로 고통당할 이유가 없습니다. 십자가의 사랑과 은혜를 마음 깊이 새기고 늘 믿음으로 승리하여 영혼이 잘됨같이 범사가 잘되고 강건한 축복을 받으시기 바랍니다.

Plus

'아사 왕'은 어떤 인물일까?

아사는 어머니가 가증한 아세라 우상을 섬기자 황후 자리까지 폐해 버릴 정도로 하나님을 사랑하고 잘 섬겼던 왕이다. 그런데 하나님만 의뢰했던 마음이 변질되어 이방 나라를 의존하며 선지자를 핍박하기까지 한다. 재위 39년에 발에 중한 병이 들었는데 하나님을 찾지 않고 의원을 의뢰하다가 결국 재위 41년에 죽고 만다.

Chapter 10

가시 면류관을 쓰고
손과 발에 못 박히신 예수님

예수님께서 왜 가시 면류관을 쓰시고
양손과 양발에 못 박혀야 했는지
그 영적 의미를 알게 한다.

읽을 말씀: 마태복음 27:29~30

가시 면류관을 엮어 그 머리에 씌우고 갈대를 그 오른손에 들리고
그 앞에서 무릎을 꿇고 희롱하여 가로되 유대인의 왕이여
평안할지어다 하며 그에게 침 뱉고 갈대를 빼앗아 그의 머리를
치더라

외울 말씀: 고린도후서 10:5

모든 이론을 파하며 하나님 아는 것을 대적하여 높아진 것을 다
파하고 모든 생각을 사로잡아 그리스도에게 복종케 하니

참고 말씀: 마가복음 9:45~47

만일 네 발이 너를 범죄케 하거든 찍어 버리라 …
만일 네 눈이 너를 범죄케 하거든 빼어 버리라 …

왕관은 왕의 위엄과 고귀한 신분을 표시해 줍니다. 꼭 왕관이 아니더라도 군대에서는 장성들이 위엄과 권위를 표시하는 모자를 쓰고, 학교에서는 학위를 받을 때 학위모를 씁니다. 이처럼 사람의 신체 가장 윗부분인 머리에 관을 씌우는 일은 특별한 의미가 있습니다. 그런데 예수님께서는 길고 단단한 가시로 엮은 면류관을 미리에 쓰시고 손과 발에 못 박히셨습니다.

1. 예수님께서 가시 면류관을 쓰신 이유

마태복음 27장을 보면 빌라도 총독은 예수님께서 죄가 없는 줄 번연히 알면서도 민란이 일어날까 두려워 십자가의 처형을 언도하고 맙니다. 이에 로마 군병들은 예수님의 옷을 벗기고 홍포를 입힌 후 억센 가시 줄기를 얼기설기 엮어 머리보다 작게 만들어서 예수님 머리에 눌러 씌우지요. 이때 날카로운 가시가 살을 파고드니 예수님의 얼굴은 온통 피로 낭자했습니다. 그러면 하나님께서 왜 사랑하는 아들 예수님이 가시 면류관을 쓰고 고통당하며 피를 흘리도록 허락하신 것일까요?

첫째로, 사람의 생각에서 오는 죄를 대속하기 위해서입니다.

아담과 하와가 하나님과 교통하며 그 음성을 들어 나갈 때에는 오직 하나님의 뜻대로 생각하고 순종하여 죄를 짓지 않았습니다.

> 육적인 생각과
> 영적인 생각은
> 어떻게 다를까요?

그러나 뱀의 유혹을 받아 사단이 주는 생각을 받아들이자 곧 죄를 낳게 되었지요.

전에는 감히 엄두도 못 내던 선악과가 먹음직도 하고 보암직도 하며 지혜롭게 할 만큼 탐스러워 보였고 결국은 하나님 말씀에 거역하고 말았습니다.

이처럼 원수 마귀 사단은 지금도 사람의 생각을 통해 죄를 짓게 만듭니다. 사람의 머리에는 기억 장치가 있어서 태어나면서부터 보고 듣고 배운 것을 느낌과 함께 입력하는데, 이것을 '지식'이라고 합니다. 이 지식을 혼의 작용을 통해 되살려 내는 것이 바로 '생각'입니다.

그런데 사람마다 성장한 환경과 보고 듣고 배운 것이 달라 입력된 지식도 같지 않습니다. 똑같이 배웠어도 각자가 어떤 느낌과 함께 받아들이느냐에 따라 가치관도 달라집니다. 이러한 사람의 지식과 생각을 살펴보면 하나님의 뜻과 위배되는 경우가 많습니다.

예를 들어, 세상에서는 자신이 높아지기 위해 온갖 수단과 방법을 동원하여 남을 누르고 일어섭니다. 하지만 하나님께서는 자기를 낮추는 자를 높여 준다고 하셨지요(마 23:12). 또한 사람들은 원수를 미워하는 것이 당연하다고 생각하는데 하나님께서는 "원수까지도 사랑하라" 하십니다. 이때 하나님께 속한 진리의 생각을 영적인 생각이라 하고, 반대되는 비진리의 생각을 육적인 생각이라고 합니다.

원수 마귀 사단은 사람의 육적인 생각을 주관하여 하나님의 일을 훼방하고 믿음을 갖지 못하게 합니다. 세상과 짝하며 죄를 지어 영원한 사망에 이르도록 유혹하지요. 따라서 사람의 모든 이론을 깨뜨리고 모든 생각을 사로잡아 그리스도께 복종케 해야 진리를 좇아 믿음의 사람, 영의 사람이 될 수 있습니다(고후 10:5).

이를 근본적으로 해결하기 위해서는 어떻게 해야 할까요? 세상의 비진리 생각에서 비롯되는 육신의 정욕과 안목의 정욕, 이생의 자랑을 버려야 합니다(요일 2:16). 예수님께서는 사람의 육적인 생각으로 인해 빚어지는 모든 불의, 불법, 죄악을 대속하시려고 머리에 가시 면류관을 쓰시고 피 흘려 주셨습니다.

예수님의 보혈만이 사람의 죄를 대속할 수 있기 때문에 가시 면류관을 쓰고 피를 흘림으로써 우리가 생각으로 짓는 모든 죄를 대속해 주신 것입니다.

예수님께서 가시 면류관을 쓰시고 피 흘리신 이유는 무엇일까요?

둘째로, 우리에게 좋은 면류관을 주시기 위해서입니다.

천국에는 하나님의 자녀에게 예비된 면류관이 많이 있습니다. 이 땅에서도 어떤 경기에 출전하면 참가자 전원에게 주는 참가상이 있고, 금, 은, 동메달 등 순위에 따라 주는 여러 상이 있지요. 이처럼 천국에서 받는 면류관의 종류도 다양합니다.

천국에는
어떠한 면류관들이
있을까요?

먼저, 고린도전서 9장 25절에 "이기기를 다투는 자마다 모든 일에 절제하나니 저희는 썩을 면류관을 얻고자 하되 우리는 썩지 아니할 것을 얻고자 하노라" 하신 대로 '썩지 아니할 면류관'이 있습니다. 이는 경기에 참가한 모든 선수에게 참가상을 주듯 예수 그리스도를 믿고 죄를 싸워 버리려고 노력한 하나님의 모든 자녀에게 주는 상입니다.

다음으로, 죄를 버리고 말씀대로 살면서 하나님께 영광 돌린 사람에게 주는 영광의 면류관이 있고(벧전 5:4), 하나님을 지극히 사랑하여 죽도록 충성하며 모든 악을 버리고 성결한 사람들에게 주는 생명의 면류관이 있습니다(약 1:12 ; 계 2:10).

그리고 사도 바울처럼 성결하여 오직 믿음으로 하나님을 기쁘시게 하며 사명을 잘 감당한 성도들은 의의 면류관을 받습니다(딤후 4:8). 또한 금 면류관이 있는데(계 4:4), 이는 성결하고 온 집에 충성하는 믿음, 영원히 변치 않는 금과 같은 믿음을 소유한 사람에게 주어집니다.

사랑의 하나님께서는 천국에 수많은 면류관을 예비해 두셨습니다. 우리가 이 세상에서 살 동안 얼마큼 죄를 싸워 버리며 사명을 잘 감당해 하나님께 영광 돌렸느냐에 따라 각기 다른 면류관을 주십니다.

예수님께서 가시 면류관을 쓰시고 피 흘려 주신 사랑을 믿기에 정욕을 위해 육신의 일을 꾀하지 않고 단정히 행하며(롬 13:13~14), 성령의 소욕을 좇아 행함으로 영혼이 잘되고(갈 5:16), 하나님께 받은 사명을 잘 감당하는 만큼 천국에서 큰 자가 되어 좋은 면류관을 받습니다.

하나님께서 우리를 위해 예비하신 면류관을 받으려면 합당한 자격을 갖추는 것이 참으로 중요합니다. 악은 모양이라도 버려 성결되고, 온 집에 충성하면 가장 좋은 면류관을 받게 됩니다.

2 예수님께서 양손과 양발에 못 박히신 이유

예수님께서 나무 십자가를 지시고 골고다 언덕 처형장에 이르렀을 때의 일입니다. 로마 군병 한 사람이 쇠로 된 정을 쥐고 또 다른 군병은 망치를 들고 나타났습니다. 그리고 백부장의 구령에 맞추어 예수님의 양손과 양발에 못을 박았습니다.

아무 죄 없으신 예수님은 나무 십자가에 달리기 위해 쇠못이 양손과 양발의 생살을 뚫고 들어오는 고통을 당하셔야만 했습니다.

우리가
손과 발로 짓는 죄로 인해
예수님은 어떤
고통을 당하셨나요?

이처럼 예수님께서 손과 발에 못 박히신 이유는 우리가 손과 발로 지은 죄를 대속해 주시기 위해서였습니다. 생각을 통해 마음에 죄악을 심으면 손과 발을 움직여 죄를 범하므로 '죄의 삯은 사망'이라는 영계의 법칙에 따라 지옥에 떨어져 영원히 고통을 받기 때문입니다.

예수님께서는 "만일 네 발이 너를 범죄케 하거든 찍어 버리라 절뚝 발이로 영생에 들어가는 것이 두 발을 가지고 지옥에 던지우는 것보다 나으니라 만일 네 눈이 너를 범죄케 하거든 빼어 버리라 한 눈으로 하나님의 나라에 들어가는 것이 두 눈을 가지고 지옥에 던지우는 것보다 나으니라" 말씀하셨습니다(막 9:45~47).

오늘날 사람들이 손과 발로 짓는 죄가 얼마나 많습니까? 혈기가 나면 폭력을 행하며, 도적질과 도박으로 패가망신하는 사람도 있습니다. 심지어 이유 없이 살인하고 총을 난사하며 방화를 일삼는 등 상상할 수 없는 죄악을 행하고도 죄의식을 느끼지 못합니다. 이렇게 손과 발로 죄를 짓고 지옥에 가는 것보다는 차라리 잘라 버리고 죄를 짓지 않음으로 천국에 가는 편이 낫습니다.

여러분의 눈은 무엇을 바라보고 있습니까?

또한 눈으로 좋은 것을 보면 탐심이 일어나고, 보지 말아야 할 것을 봄으로 간음도 합니다. 그러니 죄를 짓고 지옥에 가는 것보다 차라리 눈을 빼 버리고 죄를 짓지 않음으로 천국에 가는 것이 훨씬 낫다는 것입니다.

이처럼 엄히 죄를 경계하신 예수님께서는 모든 사람이 구원에 이를 수 있도록 아무 죄 없이 나무 십자가에 달리셨습니다. 채찍에 맞으시고 가시 면류관을 쓰시며 양손과 양발에 못 박혀 십자가 처형을 당하신 것입니다.

이러한 주님의 사랑과 은혜에 감사하며 다시는 범죄하는 일이 없도록 오직 진리로 마음을 지키며 늘 승리하는 삶을 영위하시기 바랍니다.

Plus

'육신의 정욕'이란?

육신을 좇아 죄를 범하고자 하는 속성이다. 사람의 마음에 미움, 교만, 혈기, 게으름, 간음 등 죄의 속성이 있는데, 이것이 유발될 수 있는 어떤 환경을 만나면 육신의 정욕이 나온다.

'안목의 정욕'이란?

눈으로 보고 귀로 듣는 것을 통해 마음이 동요되고 육의 것들을 추구하게 만드는 속성이다. 안목의 정욕을 차단하지 않고 계속 받아들이면 육신의 정욕을 유발하고 결국 죄를 짓게 된다.

'이생의 자랑'이란?

현실의 모든 향락을 좇아 자기를 드러내기 위해 자랑하려는 속성을 말한다.

골고다 언덕을 오르시는
예수님의 고백

이 길을 걸어가나이다.
주변에 많은 영혼들이 나를 향해 하는 말들조차 들리지 않는데
왜 이리 저 여인들의 울음소리는 내 귓가에 생생히 전달이 되는 것인지
지금의 슬픔은 곧 영광이 되리니
저 눈물이 헛되지 않으며 그 눈물을 아버지께서 갚아 주리니

나를 위해 흘리는 눈물은 사랑의 눈물이고
나를 위해 슬퍼하는 그 슬픔이,

나를 위해 울부짖는 저 괴로움이
오히려 내게는 가슴 깊이 새겨지는 사랑이구나.
내려치는 채찍도, 팔이 있음을 느끼질 못할 만큼의 무거운 십자가도
이제 이 땅을 떠나야 하는 증거가 되는구나.

아버지, 내 아버지, 능히 감당하고 있사오니
미안해하지 마옵시고 슬퍼하지 마옵소서.
이 아들이 아버지를 뵈러 가오니 영광 중의 영광이 되나이다.

| 이재록 목사 저서 『고백』 중에서 |

Part 3

가상칠언

Six-day Manna

"이에 예수께서 가라사대

아버지여 저희를 사하여 주옵소서

자기의 하는 것을 알지 못함이니이다 …

아버지여 내 영혼을 아버지 손에 부탁하나이다 하고

이 말씀을 하신 후 운명하시다"

누가복음 23:34~46

Chapter 11

가상칠언
架上七言
(1)

예수님께서 인간 구원의 섭리를 이루고자
나무 십자가에 달려 돌아가시기 전에 말씀하신
가상칠언의 영적인 의미를 알아본다.

읽을 말씀: 누가복음 23:33~43
해골이라 하는 곳에 이르러 거기서 예수를 십자가에 못 박고
두 행악자도 그렇게 하니 하나는 우편에, 하나는 좌편에 있더라
이에 예수께서 가라사대 아버지여 저희를 사하여 주옵소서
자기의 하는 것을 알지 못함이니이다 하시더라 …

외울 말씀: 마태복음 5:44
나는 너희에게 이르노니 너희 원수를 사랑하며
너희를 핍박하는 자를 위하여 기도하라

참고 말씀: 마태복음 27:38~42
이때에 예수와 함께 강도 둘이 십자가에 못 박히니
하나는 우편에, 하나는 좌편에 있더라 …

많은 사람이 임종이 가까워 오면 지나온 삶을 되돌아보며 가족과 친지 등 주변에 유언을 남기고 떠납니다. 예수님께서도 십자가에 달려 운명하시기 전에 마지막으로 일곱 마디 말씀을 남기셨는데 바로 가상칠언(架上七言)입니다. 예수님께서 십자가를 지고 구원의 길을 완성하시려는 시점에서 남긴 가상칠언에는 어떠한 영적인 뜻이 담겨 있을까요? 먼저 제1언과 제2언에 대해 살펴보겠습니다.

제1언, "아버지여 저희를 사하여 주옵소서 자기의 하는 것을 알지 못함이니이다"

하나님의 아들이신 예수님께서 저주받은 자가 달리는 나무 십자가에 못 박히신 것은 순전히 우리의 죄 때문이었습니다. 이런 사실을 알지 못한 로마 군병과 이스라엘 백성은 십자가에 달리신 예수님을 멸시하며 흉악한 죄인 취급을 하였습니다.

오직 선만 행하시고 흠도 없으신 예수님을 향해 "저가 남을 구원하였으니 만일 하나님의 택하신 자 그리스도여든 자기도 구원할지어다"라고 희롱하였지요. 그런데도 예수님은 운명하시는 순간까지 그들을 불쌍히 여기시고 "아버지여 저희를 사하여 주옵소서 자기의 하는 것을 알지 못함이니이다" 하며 하나님께 용서를 구하셨습니다.

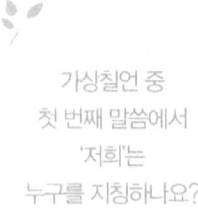

가상칠언 중
첫 번째 말씀에서
'저희'는
누구를 지칭하나요?

예수님은 권능이 있기에 마음만 먹으면 십자가에서 내려오실 수 있습니다. 그렇지만 오직 하나님의 뜻 가운데 인간 구원의 섭리를 이루시고자 온갖 고난과 수치를 묵묵히 당하셨습니다.

사람들은 예수님이 하나님 아들로서 자신들의 죄를 대속하기 위해 십자가에 달린 것을 알지 못했습니다. 본인들의 하는 행동이 얼마나 큰 죄인지도 몰랐지요. 그래서 예수님은 십자가에 달려 가장 먼저 이들을 용서해 달라고 간구하신 것입니다.

여기서 '저희'란 단순히 당시 예수님을 십자가에 못 박고 희롱한 사람들만 가리키는 것이 아닙니다. 바로 예수 그리스도를 영접하지 않고 어둠 가운데 있는 온 인류를 일컫습니다. 오늘날도 많은 사람이 참된 진리이신 주님을 모르고 엄청난 죄를 짓고 있습니다.

원수 마귀 사단은 어둠에 속한 사람들을 주관하여 열심히 신앙생활하는 사람들을 핍박하게 합니다. 이럴 때에 마땅히 행할 바가 무엇인지 예수님께서는 가상칠언 첫 번째 말씀을 통해 깨우쳐 주셨습니다.

바로 사랑의 기도를 하라는 것입니다. 마태복음 5장 44절에도 "너희 원수를 사랑하며 너희를 핍박하는 자를 위하여 기도하라"고 당부하셨습니다. 오직 사랑으로 용서하고 간절히 기도하여 구원에 이르도록 도와주는 것이 하나님의 뜻이기 때문입니다.

제2언, "오늘 네가 나와 함께 낙원에 있으리라"

골고다 언덕에는 예수님의 십자가를 중심으로 좌우편에 두 행악자도 함께 십자가에 매달려 있었습니다. 이때 한편 강도는 예수님을 비방하였으나 다른 편 강도는 오히려 그를 꾸짖고 예수님을 구세주로 영접하였지요. 그러자 예수님께서 "오늘 네가 나와 함께 낙원에 있으리라" 말씀하십니다.

이는 회개한 강도가 구원받아 낙원에 있을 것을 약속해 주신 말씀입니다. 또한 예수님이 누구든지 회개할 때 죄를 용서하여 구원에 이르게 할 수 있는 메시아임을 선포하신 것입니다.

한 강도는 어떻게 구원받아 낙원에 갈 수 있었나요?

사복음서를 읽다 보면 예수님께서 십자가에 달렸을 때 그 좌우편에 함께 있던 강도들에 대해 기록한 내용이 다른 것을 발견할 수 있습니다.

마태복음 27장 44절에는 "함께 십자가에 못 박힌 강도들도 이와 같이 욕하더라" 했고, 마가복음 15장 32절에는 "함께 십자가에 못 박힌 자들도 예수를 욕하더라" 하여 둘 다 예수님을 욕했다고 나옵니다.

십자가에 달린
두 강도에 대한 기록이
서로 다른 이유는
무엇일까요?

반면에 누가복음 23장에는 '한편 강도가 다른 편 강도를 꾸짖고 회개하여 구원받았다'고 나옵니다. 이처럼 강도에 대한 복음서의 기록이 차이 나는 이유는 무엇일까요?

이는 성경의 기자들이 잘못 기록한 것이 아니라 당시 상황을 현장감 있게 유추할 수 있도록 하나님의 섭리 안에서 허락하신 일입니다.

예수님의 십자가 처형 당시 상황을 보면 수많은 무리가 십자가를 에워싸고 있었습니다. 대제사장과 서기관들과 많은 군중이 모여 예수님을 향해 악한 말들을 하고 있었지요.

이처럼 소란스러운 상황에서 예수님의 십자가 좌우편에 있던 강도 중에 한편 강도가 예수님을 욕하였습니다. 그 강도와 가까이 있는 사람들은 그 소리를 정확하게 알아들을 수 있었습니다.

그런데 다른 편 강도도 예수님 쪽을 향해 얼굴을 찌푸리며 말을 한 것이 마치 예수님을 욕하는 것 같았습니다. 그는 예수님을 욕한 강도를 책망한 것인데 맞은편에서 볼 때는 중앙에 계신 예수님을 향해 욕하는 것처럼 보였습니다. 이처럼 다른 편 강도의 말이 잘 들리지 않는 상황

속에 멀리서 그 장면을 본 사람들 중에는 두 강도가 예수님을 욕했다고 전했습니다. 반면에 그때 상황을 정확히 알았던 사람들은 한편 강도는 예수님과 대화를 나누며 회개하여 구원받았다고 전했습니다. 그래서 하나님께서는 후세 사람들이 그 당시 상황을 분별할 수 있도록 성경 기자들을 통해 기록의 차이를 허락하신 것입니다.

그러면 예수님께서 십자가에 달려 회개한 강도에게 "오늘 네가 나와 함께 천국에 있으리라" 말씀하지 않고 "오늘 네가 나와 함께 낙원에 있으리라"고 말씀하신 이유는 무엇일까요?

구원받은 하나님의 자녀가 영원히 거할 천국은 상상할 수 없을 정도로 크고 아름답습니다. 낙원, 1천층, 2천층, 3천층, 새 예루살렘 성으로 나뉘며, 각 처소마다 행복과 영광이 다릅니다. 특히 새 예루살렘 성은 하나님 보좌가 있는 가장 영화로운 처소로, 하나님을 닮은 거룩하고 온전한 사람들이 들어갑니다.

반면 낙원은 천국에서 가장 낮은 처소로 부끄러운 구원을 받은 사람들이 들어갑니다. 이들은 단지 주님을 영접했을 뿐 죄를 싸워 버리지 않았고 하나님 나라를 위해 수고한 것이 전혀 없기 때문입니다.

낙원은 어떠한 사람들이 들어가는 곳일까요?

구원받은 강도가 낙원에 들어가는 이유도 마찬가지입니다. 그는 선한 양심을 좇아 자신이 죄인임을 고백하고 예수님을 구세주로 영접했을 뿐, 하나님 말씀을 지켜 행하고자 죄를 버린 것도, 누구를 전도한 것도 아닙니다. 이처럼 주님을 위해 아무것도 한 일이 없기 때문에 상급이 없는 낙원의 약속을 받았습니다. 그런데 예수님께서 "오늘 네가 나와 함께 낙원에 있으리라" 하셨다고 해서 예수님이 강도와 함께 낙원에 계신다는 뜻이 아닙니다.

예수님의 본체는 하나님 보좌 우편에 계십니다. 만왕의 왕, 만주의 주가 되시는 예수님은 낙원뿐 아니라 모든 천국의 주인이시기에 이렇게 말씀하신 것입니다. 또한 '오늘'이란, 예수님께서 운명하신 날 혹은 특정한 날짜를 지칭하는 것이 아닙니다. 회개한 강도가 구원받아 하나님 자녀가 되니 그가 어느 곳에 있든지 함께하신다는 의미입니다.

그러면 예수님께서 운명하신 뒤 곧바로 낙원으로 가셨을까요? 아닙니다. 성경에는 "요나가 밤낮 사흘을 큰 물고기 뱃속에 있었던 것같이 인자도 밤낮 사흘을 땅속에 있으리라"(마 12:40) 했습니다. 그리고 "저가 또한 영으로 옥에 있는 영들에게 전파하시니라"(벧전 3:19) 하셨지요. 여기서 '옥'이란 감옥을 말하는 것이 아니라 윗음부를 의미합니다.

예수님은 운명하신 뒤 어디에 가서 복음을 전하셨을까요?

예수님은 십자가에 달려 운명하신 뒤 윗음부에 있는 영혼들에게 복음을 전하고 삼 일 만에 부활하셨습니다. 그렇다면 예수님은 왜 윗음부에 가셔야 했을까요?

성경을 보면 예수님이 십자가 지시기 전에는 구원받을 영혼들이 아브라함 품에 안겼다는 기록이 있습니다(눅 16:22). 이런 사람들이 모여 있는 곳이 윗음부입니다. 또한 예수님이 이 땅에 오시기 전인 구약 시대나 신약 시대라 해도 복음을 한 번도 듣지 못하고 죽은 사람들이 있습니다. 그들 중에는 선한 양심을 좇아 살다가 양심 심판에 의해 구원받는 사람도 있기에(롬 2:14~15) 예수님께서 운명하신 후 윗음부에 가서 복음을 전하신 것입니다.

하나님께서는 예수 그리스도 외에 구원받을 만한 다른 이름을 주신 적이 없습니다(행 4:12). 오직 예수님만이 구세주가 되실 수 있는 자격을 갖추셨기 때문입니다. 그러므로 십자가의 사랑을 깨달아 모든 사람이 구원에 이를 수 있도록 더욱 기도와 전도에 힘써야 하겠습니다.

Plus

'윗음부'란?

　윗음부는 정확히 천국이라고 할 수는 없지만 천국에 속한 장소로서, 구원받은 영혼들이 대기하는 곳이다. 구원받은 사람들은 구약 시대에, 더 정확히 말해 주님께서 십자가를 지시기 전까지는 윗음부에서 대기했다.

　하지만 예수님이 부활하신 이후로는 대기 장소가 바뀌었다. 구원받은 사람은 사후에 두 천사에 의해 윗음부로 가서 3일 동안 영의 세계에 대한 적응 기간을 거친다. 그 후 낙원의 가장자리에 있는 새로운 대기 장소로 옮겨진다.

Chapter 12

가상칠언
架上七言
(2)

예수님께서 십자가에 달려 운명하시기 전에
말씀하신 가상칠언 중 제3, 4, 5언에 담긴
영적인 의미를 깨달아 하나님의 참 자녀가 되게 한다.

읽을 말씀: 요한복음 19:26~28 ; 마태복음 27:46
예수께서 그 모친과 사랑하시는 제자가 곁에 섰는 것을 보시고
그 모친께 말씀하시되 여자여 보소서 아들이니이다 하시고
또 그 제자에게 이르시되 보라 네 어머니라 하신대
그때부터 그 제자가 자기 집에 모시니라 …

외울 말씀: 마태복음 12:50
누구든지 하늘에 계신 내 아버지의 뜻대로 하는 자가
내 형제요 자매요 모친이니라 하시더라

참고 말씀: 시편 69:21
저희가 쓸개를 나의 식물로 주며 갈할 때에 초로 마시웠사오니

하나님의 아들로서 인간 구원의 섭리를 완성하기 위해 이 땅에 오신 예수님의 가상칠언에는 매우 깊은 영적인 의미가 있습니다. 이 의미를 밝히 깨달아야 참된 하나님의 자녀가 될 수 있습니다. 가상칠언 중 제3언, 4언, 5언에 대해 살펴보겠습니다.

제3언, "여자여 보소서 아들이니이다 … 보라 네 어머니라"

동정녀 마리아는 예수님을 보면 마치 하늘에 계신 아버지 하나님을 뵈온 듯하여 머리카락 하나라도 상할까 늘 조심하며 온 정성과 마음을 다해 섬겼습니다. 그런데 예수님이 가장 처참한 십자가 처형을 받고 계시니 망연자실할 수밖에 없었지요. 그 애타는 심정을 누구보다 잘 알았던 예수님은 십자가 곁에 서 있는 마리아를 부르셨습니다.

이때 예수님은 자신을 낳아 준 마리아에게 "어머니"라 하지 않고 "여자여"라고 부르셨는데 그 이유는 무엇일까요? 예수님은 근본 하나님의 본체이시기에 어머니가 있을 수 없습니다. 예수님은 하나님의 아들로서 육신을 입고 이 땅에 오시기 위해 동정녀 마리아의 몸을 빌린 것이요, 마리아는 하나님이 만드신 피조물에 불과합니다. 그러니 창조주 하나님과 하나이신 예수님께서 어머니라고 부를 수는 없는 일이지요.

하나님은 스스로 계신 분이며(출 3:14) 누군가 하나님을 낳았거나 만든 것도 아닙니다. 예수님은 근본 하나님의 본체이시기에(빌 2:6) 성경 어디에도 예수님이 마리아를 '어머니'라고 불렀다는 기록이 없습니다.

더구나 마리아는 유전적으로도 예수님의 어머니가 될 수 없습니다. 사람은 부모의 정자와 난자가 결합해야만 잉태될 수 있는데, 예수님은 성령으로 잉태된 분이기 때문입니다.

그런데도 동정녀 마리아를 예수님의 어머니로 섬기며 우상처럼 경배한다면 십계명 중 제2계명에도 어긋납니다(출 20:4). 하나님께서는 어떤 피조물의 형상도 만들지 말고 섬기거나 경배하지 말라고 철저히 금하셨기 때문입니다.

예수님께서 동정녀 마리아에게 "여자여"라고 부르신 이유는 무엇일까요?

다음으로, 예수님께서 마리아에게 "아들이니이다"라고 하셨는데 이는 누구를 가리키는 것일까요?

요한복음 19장 26~27절에 보면 "예수께서 그 모친과 사랑하시는 제자가 곁에 섰는 것을 보시고 그 모친께 말씀하시되 여자여 보소서 아들이니이다 하시고 또 그 제자에게 이르시되 보라 네 어머니라" 했습니다.

여기서 '아들'이란 예수님을 가리키는 것이 아니라, 바로 마리아 옆에 있는 제자 요한을 말합니다. 예수님은 마리아를 위로하시고자 요한을 아들처럼 여기라고 하셨습니다. 자신의 생명보다 사랑했던 예수님이 처참한 모습으로 십자가에 달려 죽어가고 있으니 마리아의 마음이 얼마나 갈기갈기 찢어졌을지 잘 아셨기 때문입니다.

그리고 요한에게는 "네 어머니라" 하여 동정녀 마리아를 어머니같이 섬기라고 당부하셨습니다. 믿음 안에서 모든 사람이 한 형제 자매이며 가족이라는 영적인 소속감을 일깨워 주시고자 함이었습니다.

예수님께서 요한에게 왜 마리아를 "네 어머니라" 말씀하셨을까요?

이 땅에서 혈연으로 맺어진 가족이라 해도 주님을 믿지 않으면 영원히 함께할 수 없습니다. "누구든지 하늘에 계신 내 아버지의 뜻대로 하는 자가 내 형제요 자매요 모친이니라"(마 12:50) 하신 대로 오직 하나님의 뜻대로 행하는 사람이라야 참된 가족이요, 천국에서 영원히 함께할 수 있습니다.

제4언, "엘리 엘리 라마 사박다니"

잔인한 로마 군병이 얼마나 혹독하게 예수님을 채찍으로 때렸는지 십자가에 달리신 예수님은 곳곳에 살점이 떨어져 나가고 뼈가 드러날 정도였습니다. 그렇게 십자가에 못 박혀 여섯 시간 동안 물과 피를 흘리셨으니 무슨 힘이 남아 있었겠습니까. 그런데도 예수님은 큰소리로 "엘리 엘리 라마 사박다니"라고 외치셨는데 그 이유는 무엇일까요?

예수님이 십자가에 달려 온 인류에게 전하는 가상칠언에는 매우 깊은 영적 의미가 있습니다. 이 소리가 사람들에게 들리지 않으면 아무 소용이 없기 때문에 성경에 정확히 기록될 수 있도록 큰소리로 말씀하신 것입니다.

예수님께서 "엘리 엘리 라마 사박다니"라고 큰소리로 외치신 이유는 무엇인가요?

어떤 사람은 예수님이 너무 고통스러워 하나님을 원망하며 부르짖은 소리라고 하지만 결코 그렇지 않습니다. 온갖 멸시 천대를 참으며 모든 고통을 견딘 분이 곧 운명할 즈음에 하나님을 원망하실 리가 없지요.

그러면 예수님은 왜 "엘리 엘리 라마 사박다니" 곧 "나의 하나님, 나의 하나님 어찌하여 나를 버리셨나이까"라고 외치셨던 것일까요?

첫째는, 예수님께서 온 인류의 죄를 대속하기 위해 십자가에 못 박힌 것을 알리시기 위해서였습니다. 아무런 흠도 점도 없는 예수님께서 죄인들을 구원하기 위해 처참하게 십자가에 달린 것임을 알리는 절규입니다.

우리가 놓치지 말아야 할 것이 있습니다. 예수님은 항상 하나님을 "아버지"라고 부르셨는데 여기서는 "하나님"이라 부르셨다는 점입니다. 그 이유는 예수님께서 죄인 된 인류를 대신해 십자가를 지신 것이며, 죄인은 하나님을 아버지라 부를 수 없기 때문입니다.

온 인류의 죄를 한 몸에 진 죄인으로서 하나님께 철저히 버림받은 상태였기에 감히 아버지라 부르지 못하고 '하나님'이라 하셨지요.

둘째는, 예수님이 인생들을 위해 죽어 주건만 그것을 알지 못하고, 여전히 사망의 길로 가는 영혼들에게 다시 한 번 경고하며 깨우쳐 주시기 위해서였습니다.

하나님께서는 우리를 위해 예수님을 십자가에 못 박도록 피조물에게 내어주셨습니다. 예수님은 왜 하나님께서 자신을 철저히 외면하셨는지를 잘 아셨지만 십자가에 못 박는 무리들은 전혀 깨닫지 못했습니다. 그래서 예수님은 "나의 하나님, 나의 하나님, 어찌하여 나를 버리셨나이까?" 하며 무지한 사람들이 하나님의 사랑을 깨닫고 회개하여 구원받도록 간절히 외치셨던 것입니다.

제5언, "내가 목마르다"

예수님께서 "내가 목마르다" 말씀하신 영적인 의미는 무엇일까요?

예수님은 뜨거운 햇볕 아래 여러 시간 동안 십자가에 매달려 피를 흘려서 탈진 상태였기 때문에 타는 듯한 갈증은 말로 형용할 수가 없었습니다. 흔히 사람들은 배고픔은 참아도 목마름은 견디기 어렵다고 하는데 그 고통이 얼마나 극심했겠습니까? 그러나 예수님이 단순히 그러한 갈증을 참지 못해서 "목마르다" 하신 것이 아닙니다. 육적으로 타는 듯한 갈증보다 더 견디기 힘든 영적 목마름 때문이었습니다. 이는 하나님 자녀들을 향해 "내가 피를 흘림으로 목이 마르니 내 피 값을 찾아 목마름을 해소해 달라"는 간절한 외침이었습니다. 사망의 길로 가는 영혼을 구원하여 천국으로 인도해 달라는 뜻입니다.

사람들은 그런 영적 의미를 전혀 알지 못하고, 예수님이 "목마르다"고 하시자 신 포도주를 머금은 해융(스펀지처럼 물을 빨아들이는 물건)을 우슬초에 매어 예수님의 입에 댔습니다(요 19:29). 이는 곧 시편 69편 21절에 "저희가 쓸개를 나의 식물로 주며 갈할 때에 초로 마시웠사오니"라는 예언대로 이루어진 것입니다.

새 포도주는
영적으로
무엇을 의미할까요?

그러면 예수님께서 신 포도주를 맛보셨다는 말씀의 영적 의미는 무엇일까요?

이는 예수님께서 온 인류의 죄를 대속하기 위해 십자가에 달려 신 포도주를 드심으로 우리에게는 새 포도주를 마시게 하셨다는 것을 나타냅니다. 새 포도주는 구세주로 오신 예수님으로 인해 완성된 신약의 사랑의 법을 의미합니다.

구약 시대에는 죄를 지으면 반드시 죄에 따른 형벌을 받아야 하고, 죄 사함을 받으려면 매번 짐승을 잡아 피의 제사를 드려야 했습니다. 그런데 신약 시대에는 예수님께서 친히 속죄 제물이 되셔서 십자가에 죽으심으로 율법의 모든 저주를 속량해 주셨습니다. 곧 우리를 위해 신 포도주를 맛보신 것입니다.

그러므로 누구든지 주님의 사랑을 마음에 믿고 중심에서 자신의 죄를 회개하면 그 믿음으로 인해 모든 죄를 용서받을 수 있습니다. 이것이 바로 예수님께서 신 포도주를 맛보시고 우리에게 새 포도주를 마시게 하신 하나님의 섭리입니다.

주님은 2천 년이 지난 지금도 여전히 목마르다 호소하고 계십니다. 그 목마름은 피를 흘림으로써 생겨났습니다. 예수님께서 피를 흘리고 죽으셔야 했던 이유는 바로 우리의 죄를 대속해서 참 생명을 주시기 위해서였습니다. 그 십자가 보혈로 구원받은 우리들은 마땅히 주님의 피 값을 찾아 드려야 합니다. 그 피 값을 찾아 목마름을 해소해 드리는 것은 사망의 길로 가는 영혼을 구원하여 천국으로 인도하는 것입니다. 지금도 진리를 모르고 세상에서 방황하는 수많은 영혼을 구원에 이르게 함으로 주님의 목마름을 해소해 드리시기 바랍니다.

Plus

'사도 요한'은 어떤 인물일까?

예수님의 열두 제자 중 한 사람이다. 형 야고보와 함께 '우레의 아들'이라는 별명을 얻을 만큼 급한 성격의 소유자였으나 사랑의 사도로 변화되었다. 예수님이 십자가 처형을 당하실 때 예수님으로부터 마리아를 잘 섬기라는 부탁을 받았다. 요한복음과 요한 1, 2, 3서와 요한계시록을 기록하였다.

Chapter 13

가상칠언
架上七言

(3)

예수님께서 십자가에 달려 운명하시기 전에
말씀하신 가상칠언 중 제 6, 7언에 담긴
영적인 의미를 깨달아 하나님의 참 자녀가 되게 한다.

읽을 말씀: 요한복음 19:30 ; 누가복음 23:46
예수께서 신 포도주를 받으신 후 가라사대 다 이루었다 하시고
머리를 숙이시고 영혼이 돌아가시니라
예수께서 큰소리로 불러 가라사대
아버지여 내 영혼을 아버지 손에 부탁하나이다 …

외울 말씀: 히브리서 10:20
그 길은 우리를 위하여 휘장 가운데로 열어 놓으신
새롭고 산 길이요 휘장은 곧 저의 육체니라

참고 말씀: 마태복음 27:51〜53
… 예수의 부활 후에 저희가 무덤에서 나와서
거룩한 성에 들어가 많은 사람에게 보이니라

예수께서 큰소리로 불러 가라사대 아버지여 내 영혼을 아버지 손
에 부탁하나이다 하고 이 말씀을 하신 후 운명하시다 누가복음 23:46

십자가 처형법은 급소를 찌르지 않지만 혹독하기
로 유명합니다. 나무 십자가에 매달린 채 서서히 죽어가기 때문에 그 고
통은 상상을 초월합니다. 십자가에 못 박힌 예수님의 손과 발이 체중에
못 이겨 살이 찢어지고, 머리에는 뾰쪽한 가시가 살을 파고들어 얼굴이
온통 피로 물들었습니다. 재찍에 맞아 상처투성이가 된 몸으로 뜨거운
햇볕 아래서 계속 피를 흘리셨으니 그 고통의 깊이는 이루 헤아릴 수 없
지요. 마침내 예수님은 "다 이루었다", "아버지여 내 영혼을 아버지 손에
부탁하나이다"라는 마지막 말씀을 남긴 채 운명하셨습니다.

제6언, "다 이루었다"

예수님께서 이 땅에 오신 이유는 십자가에 달려 죽음으로써 인류
에게 구원의 길을 열어 주기 위함이었습니다. 마침내 약 3년에 걸친

공생애를 마치고 아무 죄 없이 십자가의 처형을 당하심으로 인간 구원의 섭리를 온전히 이루셨습니다. 그래서 십자가에 달려 운명하시기 직전에 "다 이루었다" 고백하신 것입니다.

예수님께서
"다 이루었다"
말씀하신 의미는
무엇인가요?

말씀이 육신이 되어 이 땅에 오신 예수님은 하나님의 모든 율법을 온전히 지키셨습니다. 그렇다고 해서 율법을 지키지 못하는 사람들을 정죄하신 것이 아닙니다. 오히려 한 영혼이라도 더 회개하여 구원에 이를 수 있도록 밤낮없이 진리로 가르치셨고, 죄로 인해 질병과 연약함에 매인 사람들과 귀신 들린 사람들을 고치기 위해 쉼 없이 일하셨습니다. 결국에는 하나님의 뜻을 좇아 십자가에 달려 돌아가심으로 사망으로 가던 인류에게 구원의 길을 열어 주셨습니다.

이처럼 죄인들을 위해 저주받은 십자가에 못 박히는 것은 사랑이 없으면 결코 불가능한 일입니다. 그런데 하나님의 아들이신 예수님께서 십자가에 죽으심으로 그 사랑을 나타내 보여 구약의 율법을 사랑으로 완성하셨습니다. 이로써 원수 마귀 사단의 진을 깨뜨리고 완전히 승리하셨기에 "다 이루었다" 고백하신 것입니다.

또한 "다 이루었다"는 말씀에는 예수님께서 하나님의 뜻과 섭리를 좇아 죽기까지 순종함으로 구원의 섭리를 이루신 것처럼, 우리도 오직 하나님의 뜻대로 행하여 모든 것을 이루라는 의미가 담겨 있습니다. 곧 죄를 피 흘리기까지 싸워 버려 영적인 사랑(고전 13:4~7)과 성령의 열매(갈 5:22~23)와 팔복(마 5:3~12)을 이루어 주님의 마음을 닮으라는 말씀입니다. 그런 사람은 사명을 충성되이 감당하고 열심히 기도하며 전도하여 많은 영혼을 주님 품으로 인도하게 됩니다.

제7언, "아버지여 내 영혼을 아버지 손에 부탁하나이다"

예수님은 십자가에 달려 여섯 시간 동안 고통을 받으며 물과 피를 쏟았기 때문에 운명하기 직전에는 기력이 전혀 없는 상태였습니다. 그런데도 큰소리로 "아버지여 내 영혼을 아버지 손에 부탁하나이다"라는 마지막 말씀을 남기고 운명하셨습니다.

가상칠언 중 제4언에서는 예수님께서 "나의 하나님"이라고 하셨는데, 7언에서는 "아버지"라고 부르셨습니다. 죄를 대속해 주는 제물로서의 사명이 끝났기 때문에 "아버지"라고 부를 수 있는 자격이 주어진 것입니다.

그러면 예수님께서 "내 영혼을 아버지 손에 부탁하나이다"라고 마지막 말을 남기신

> 예수님께서 운명하시기 직전에 큰소리로 남기신 말씀은 무엇인가요?

이유는 무엇일까요? 그것은 바로 예수님도 사람처럼 영과 혼과 육이 있음을 알려 주시기 위해서였습니다.

예수님의 육체는 하나님의 뜻을 이루기 위해 죽지만 영혼은 누구

도 죽일 수 없기에 아버지 하나님께 자신의 영혼을 부탁하셨습니다.

사람은 영, 혼, 육으로 구성되어 있어서(살전 5:23) 이 땅에서의 삶을 마치면 영혼은 장막인 육을 떠나게 됩니다. 영혼이 떠난 몸(육)은 썩어 한 줌 흙으로 돌아가지요. 그리고 구원받은 영혼은 천국으로 가서 영생복락을 누리고, 구원받지 못한 영혼은 지옥으로 떨어져 세세토록 고통받으며 살아갑니다(눅 16:19~31).

*천국에
영과 혼이
함께 가는 이유는
무엇일까요?*

만일 하나님께서 구원받은 사람의 영만 받으시고 혼은 받지 않으신다면 어떻게 될까요? 천국에 가서 진리만 알 뿐, 이 땅에서 눈물, 슬픔, 가난, 질병 등 혼의 작용을 통해 경작받은 일들은 알지 못합니다. 그러니 천국의 참된 행복을 느낄 수 없고 중심에서 감사할 수도 없습니다. 이 땅에서 보고 듣고 배운 것들을 느낌과 함께 뇌세포 안에 입력하고, 그 입력한 것을 다시 떠올려 내는 모든 것들이 혼의 작용이기 때문에 하나님께서 사람의 영과 혼을 함께 받으십니다.

예수님께서 자신의 영혼을 하나님께 부탁하신 또 다른 이유가 있습니다. 바로 우주 만물을 주관하시고 인간의 생사화복을 주관하시는 분이 창조주 하나님이시기 때문입니다. 참새 한 마리도 하나님이 허락하지 않으시면 떨어지지 않습니다. 모든 것이 하나님의 소유이며, 그분의 주권 아래 이루어지기에 이렇게 기도하신 것입니다.

그러면 예수님이 큰소리로 "내 영혼을 아버지 손에 부탁하나이다" 라고 기도하신 이유는 무엇일까요? 그것은 사람들이 다 알아듣도록 하기 위해서였습니다. 또한 큰소리로 부르짖어 기도하는 것이 하나님 뜻인 데다 하나님께 영혼을 부탁하는 기도였기에 더욱 힘써 부르짖으셨습니다.

예수님께서 자신의 영혼을 아버지 손에 부탁하는 기도를 하신 것은 하나님 뜻을 모두 이루셨음을 나타냅니다. 곧 하나님 말씀에 순종하여 온전히 사명을 감당하였기 때문에 당당히 자신의 영혼을 아버지 손에 맡길 수 있었습니다. 마침내 예수님께서는 가상칠언을 남기고 운명하셨는데 참으로 놀라운 일들이 일어났습니다.

마태복음 27장 51~53절을 보면 "성소 휘장이 위로부터 아래까지 찢어져 둘이 되고 땅이 진동하며 바위가 터지고 무덤들이 열리며 사던 성도의 몸이 많이 일어나되 예수의 부활 후에 저희가 무덤에서 나와서 거룩한 성에 들어가 많은 사람에게 보이니라" 했습니다.

여기서 '성소 휘장이 위로부터 아래까지 찢어졌다'는 것은 예수님께서 화목제물이 되어 하나님과 우리 사이에 막힌 죄의 담을 다 헐어 주셨다는 뜻입니다.

성소 휘장은 성전 안에 있는 성소와 지성소를 구분하기 위해 쳐 놓은 긴 커튼을 말합

성소 휘장이 위로부터 아래까지 찢어졌다는 것은 무엇을 의미할까요?

니다. 성소에는 기름 부음 받은 제사장들이 들어가 제사를 드리며 하나님과 교통할 수 있었고, 지성소는 하나님께서 임재하시는 지극히 거룩한 장소로, 대제사장이 일 년에 하루 들어가 죄인들을 위해 제사를 지냈습니다.

그런데 예수님께서 십자가에서 속죄의 제물이 되신 후 성소와 지성소 사이를 가로막고 있던 휘장이 찢어짐으로 그때부터 일반 사람도 성소와 지성소에 들어갈 수 있게 되었습니다. 예수님께서 보혈을 흘리심으로 인해 하나님과 우리 사이에 막혀 있던 죄의 담을 헐어 주셨기 때문입니다.

이제 주님을 믿는 사람은 누구나 하나님의 거룩한 성전에 들어와 예배드릴 수 있고, 기도할 때에도 제사장이나 선지자를 통하지 않고 직접 하나님과 교통할 수 있게 되었습니다. 그래서 사도 바울은 "형제들아 우리가 예수의 피를 힘입어 성소에 들어갈 담력을 얻었나니 그 길은 우리를 위하여 휘장 가운데로 열어 놓으신 새롭고 산 길이요 휘장은 곧 저의 육체니라" 하신 것입니다(히 10:19~20).

땅이 진동하고
바위가 터지며
무덤들이 열렸다는
뜻은 무엇일까요?

다음으로, 예수님께서 운명하실 때 '땅이 진동하며 바위가 터지고 무덤들이 열렸다'고 했는데 무슨 뜻일까요?

산천초목 모든 것들이 움직였다는 말씀입니다. 이것은 하나님께서 인간의 악함을 탄식하시는 소리로서 독생자를 화목제물로 주셨음에도 불구하고 마음이 완악하여 끝내 주님을 영접하지 않고 멸망으로 가는 사람들에 대해 비통한 마음을 표현하신 것입니다.

또한 '무덤들이 열리고 자던 성도의 몸이 많이 일어나되 예수님의 부활 후에 저희가 무덤에서 나왔다'고 했습니다. 예수님이 운명하실 때에 많은 무덤이 열렸는데 예수님이 장사된 지 삼 일 만에 살아나 부활의 첫 열매가 되신 뒤에 그들도 무덤에서 나왔습니다.

이 말씀은 주님을 믿는 사람마다 죄를 용서받고 다시 생명을 얻어 부활함을 증거로 보여 줍니다. 따라서 십자가의 사랑을 깊이 깨우치고 하나님의 참 자녀가 되어 온전한 구원에 이르시기 바랍니다.

Plus

'영'이란?
죽거나 썩지 않고 변함이 없는 것, 영원한 것으로 생명이요 진리 자체를 말한다.

'혼'이란?
사람의 뇌세포 안에 있는 기억 장치와 그 안에 입력된 지식들과 그것을 떠올리는 생각의 작용을 통틀어 말한다.

'육'이란?
육적인 의미는 살 즉 몸을 말하고, 영적인 의미는 시간이 흐르면 썩고 변질되어 없어지는 것과 추하고 더러운 비진리를 말한다.

구원받은 사람의 영혼이
육체에서 분리되면

사람의 수명이 다하면 영혼이 육체에서 분리되어 나옵니다.
이런 사실을 모르는 사람은 영혼이 빠져 나온 후에
자신과 똑같은 모습의 사람이 누워 있는 것을 보고 깜짝 놀라지요.
설령 말씀을 들어서 이 사실을 안다 해도 막상 몸을 빠져 나온 영혼은
새로운 차원의 세계에 적응하기까지 얼마나 낯설겠습니까?

하나님께서는 구원받은 영혼이 당황하지 않고
천국까지 올 수 있도록 두 천사를 미리 보내 대기하게 하십니다.
사람들이 임종 시 천사가 보인다고 간증하는 경우가
바로 이런 이유에서입니다.

두 천사는
구원받은 성도의 영혼이 몸에서 빠져 나오면
호위하여 천국까지 인도합니다.
이때 그 영혼이 곧바로 천국에 들어가는 것은 아닙니다.

일단 윗음부로 가서
3일 동안 영의 세계에 적응하는 기간을 거친 후
'천국의 대기 장소'로 갑니다.
육의 몸을 떠난 영혼은
무게감이 거의 들지 않아 붕붕 날 것처럼 가볍습니다.

| 이재록 목사 저서 『천국 (상)』 중에서 |

Six day Manna

Part 4

온전한 구원의 길

"예수께서 대답하시되 진실로 진실로 네게 이르노니

사람이 물과 성령으로 나지 아니하면

하나님 나라에 들어갈 수 없느니라"

요한복음 3:5

Chapter 14

물과 성령으로
거듭나야 구원

예수님께서 니고데모에게 하신
물과 성령으로 거듭나야 하나님 나라에 들어갈 수 있다는
말씀의 의미를 깨달아 구원에 이르게 한다.

읽을 말씀: 요한복음 3:3~8
… 예수께서 대답하시되 진실로 진실로 네게 이르노니
사람이 물과 성령으로 나지 아니하면 하나님 나라에 들어갈
수 없느니라 육으로 난 것은 육이요 성령으로 난 것은 영이니 …

외울 말씀: 요한복음 3:5
예수께서 대답하시되 진실로 진실로 네게 이르노니
사람이 물과 성령으로 나지 아니하면
하나님 나라에 들어갈 수 없느니라

참고 말씀: 사도행전 2:38
베드로가 가로되 너희가 회개하여 각각 예수 그리스도의 이름으로
세례를 받고 죄 사함을 얻으라 그리하면 성령을 선물로 받으리니

예수께서 대답하여 가라사대 진실로 진실로 네게 이르노니 사람이
거듭나지 아니하면 하나님 나라를 볼 수 없느니라 요한복음 3:3

바리새인들은 모세의 율법을 철저히 지키고, 조상 대대로 내려오는 전통을 소중히 여겼습니다. 그들은 부활과 천사와 종말론, 그리고 메시아가 오신다는 것을 믿었고, 나름대로 하나님을 잘 믿는다는 이스라엘의 지도층이었습니다.

그런데 예수님께서는 이들을 향해 "화 있을진저"라고 호되게 책망하시지요. 겉모습은 거룩한 체하나 속마음은 탐욕과 방탕으로 가득하여 회칠한 무덤 같았기 때문입니다. 그들은 하나님의 말씀을 가르치는 위치에 있었음에도 예수님이 전파하시는 진리를 깨닫지 못하고 오히려 예수님을 배척하며 죽이고자 했습니다.

1. 선한 중심을 소유한 니고데모

니고데모는 바리새인이지만 선한 중심을 소유하고 있었습니다.

예수님이 행하시는 기사와 표적을 보면서 '하나님께로부터 오신 분'이라 여긴 것만 봐도 알 수 있지요(요 3:2). 그는 유대 최고 회의 기관인 '산헤드린 공회' 의원으로, 사회적으로는 최고의 권력과 부와 명성을 가진 상류층 인사였습니다.

니고데모는 왜 밤중에 예수님을 찾아갔을까요?

율법에 정통하고 철저히 지키는 그였지만 날이 갈수록 진리에 대한 갈급함은 더 깊어갔습니다. 그에게 기사와 표적을 행하며 복음을 전하시는 예수님은 여느 사람과 달라 보였습니다.

선포하시는 모든 말씀이 확신에 찬 진리의 말씀이고 그분의 가르침 속에서 알 수 없는 권세가 느껴졌습니다. 그는 한밤중에 사람들의 눈을 피해 예수님을 찾아갑니다. 주변 사람들의 이목이 두려웠기 때문입니다. 그런 그가 예수님을 만난 뒤에는 변화됩니다.

예수님을 비방하는 바리새인들 앞에서 "우리 율법은 사람의 말을 듣고 그 행한 것을 알기 전에 판결하느냐" 하며 예수님을 옹호하였습니다(요 7:51). 이러한 발언은 유대 관원으로서는 결코 쉬운 일이 아닙니다. 자칫 직위를 박탈당하고 박해받을 수도 있기 때문입니다.

그럼에도 예수님을 옹호한 것은 니고데모가 얼마나 진실하며 예수님에 대한 확고한 믿음을 가지고 있었는지 알려 줍니다. 예수님이 십자가 처형을 당하여 운명하셨을 때 몰약과 침향 섞은 것을 가지고 와서 장사 지낸 것만 보아도 알 수 있지요(요 19:39~40).

니고데모는 예수님을 만나 "랍비여 우리가 당신은 하나님께로서 오신 선생인 줄 아나이다 하나님이 함께하시지 아니하시면 당신의 행하시는 이 표적을 아무라도 할 수 없음이니이다"라고 존경의 의미를 담아 고백하였습니다. 예수님이 죽은 사람을 살리고, 소경의 눈을 뜨게 하며, 벙어리를 말하게 하고, 걷지 못하는 자를 걷게 하는 등 사람으로서는 할 수 없는 놀라운 권능을 행하는 것을 보고 선한 양심 속에 하늘에서 오신 분이라 생각한 것입니다.

그런데 니고데모의 고백을 들으신 예수님은 "네 말이 옳다"고 하시는 것이 아니라, "사람이 거듭나지 아니하면 하나님 나라를 볼 수 없느니라" 말씀하셨습니다.

니고데모는 왜 예수님의 말씀을 이해하지 못했을까요?

이는 영적으로 무지한 니고데모를 깨우쳐 주기 위함이었지요. 니고데모는 예수님의 말씀이 무슨 뜻인지 이해할 수 없었습니다. '사람이 거듭나지 아니하면 하나님 나라를 볼 수 없다니. 어떻게 사람이 두 번 태어날 수 있단 말인가?'

니고데모는 예수님께 "사람이 늙으면 어떻게 날 수 있삽나이까 두 번째 모태에 들어갔다가 날 수 있삽나이까"라고 되물었습니다. 사람이 한 번 태어나면 다시 어머니 뱃속에 들어갈 수 없음은 자명한 사실이지만 영적으로 깨우치지 못하니 육적인 질문을 할 수밖에 없었습니다. 이에 예수님께서는 "사람이 물과 성령으로 나지 아니하면 하나님 나라에 들어갈 수 없느니라 육으로 난 것은 육이요 성령으로 난 것은 영이니 내가 네게 거듭나야 하겠다 하는 말을 기이히 여기지 말라" 말씀하십니다(요 3:5~7). 천국에 들어가려면 누구든지 물과 성령으로 거듭나 영이 다시 살아나야 할 것을 알려 주신 것입니다.

3. 물과 성령으로 거듭난다는 것

그러면 사람의 영이 어떻게 죽게 되었으며 어떻게 해야 물과 성령으로 거듭날 수 있을까요?

첫 사람 아담은 이 땅의 흙으로 지어졌지만 생기 곧 하나님의 근본 된 능력이 들어가자 영적인 존재가 되었습니다. 즉 살아 있는 영, 생령이 되었지요. 그런데 하나님께 불순종하여 범죄함으로 '죄의 삯은 사망'이라는 영계의 법칙대로 영이 죽고 말았습니다.

사람의 영은
어떻게
죽게 되었을까요?

아담의 영이 살아 있을 때는 하나님과 항상 교통하며 진리를 공급받았지만, 영이 죽자 하나님과 교통이 끊어져 육체의 사람으로 전락하고 말았습니다. 즉 하나님께 영의 지식을 공급받지 못하게 되자 대신 원수 마귀 사단이 심어 주는 비진리를 받아들여 세상 정욕을 좇아 살아가게 되었습니다. 영이 죽었다는 것은, 아담이 범죄하여 하나님과의 교통이 끊어지자 진리인 영의 지식이 빠져나가고, 비진리가 들어와 영을 꼼짝 못하게 감싸므로 영이 활동을 못하고 죽은 것처럼 된 상태를 말합니다.

이처럼 첫 사람 아담의 영이 죽으므로 그의 후손인 모든 인류도 영이 죽은 상태로 태어나고 어둠과 짝하다가 지옥에 갈 수밖에 없게 되었습니다. 그런데 하나님께서는 사람의 죽은 영을 살리고 천국에 들어갈 수 있는 길을 마련해 두셨습니다. 그 길이 바로 예수 그리스도를 영접하여 물과 성령으로 거듭나는 것입니다.

그러면 사람이 물로 거듭난다는 것은 무슨 뜻일까요? 바로 하나님 말씀대로 행하여 마음의 할례를 받아 진리로 변화되어 가는 것을 의미합니다.

사람이 물로 거듭난다는 말씀은 무슨 뜻일까요?

물이란 영생수 곧 진리인 하나님 말씀을 뜻하며, 말씀이 육신이 되어 이 땅에 오신 예수님을 가리킵니다. 요한복음 4장 14절에 예수님께서는 "내가 주는 물을 먹는 자는 영원히 목마르지 아니하리니 나의 주는 물은 그 속에서 영생하도록 솟아나는 샘물이 되리라" 하시며 영생수에 대해 알려 주셨습니다.

물은 갈증을 해소해 주고 생명을 유지하며 더러움을 씻어 줍니다. 마찬가지로 하나님 말씀은 마음에 있는 추하고 더러운 악을 씻어냅니다. 그러나 눈앞에 물이 있어도 마시지 않으면 갈증을 해소할 수 없고, 씻지 않으면 깨끗해질 수 없듯이 영생수인 하나님 말씀을 알아도 지켜 행하지 않으면 아무 소용이 없습니다.

"하지 말라, 버리라" 하신 대로 미움, 시기, 판단, 정죄 등 비진리를 버리면 마음이 깨끗해집니다. 더불어 "하라, 지키라" 하신 대로 사랑하고 섬기며 상대의 유익을 구하라는 말씀들을 행해 나가면 마음 안에 진리가 채워지지요. 이렇게 비진리를 버리고 하나님 말씀인 진리로 채우는 것이 물로 거듭나는 것입니다.

다음으로, 성령으로 거듭난다는 것은 무슨 뜻일까요?

성령으로 거듭난다는 말씀의 의미는 무엇일까요?

우리가 구원을 받으려면 물 곧 하나님 말씀으로 거듭나야 할 뿐 아니라, 성령으로 거듭나야 합니다. 예수 그리스도를 영접하여 통회자복함으로 성령을 선물로 받아야 죽은 영이 살아나 하나님께서 원하시는 영의 사람으로 변화될 수 있기 때문입니다.

보혜사 성령은 우리 마음 안에 오셔서 죽은 영을 살리고, 진리의 말씀을 깨달아 죄를 버리도록 도우심으로 진리의 사람, 영의 사람으로 변화시켜 주십니다. 이렇게 성령의 도우심을 받아 죽은 영이 살아나서 죄를 버리고 영의 사람으로 변화되어 가는 것이 성령으로 거듭나는 것입니다.

누구든지 물과 성령으로 거듭나지 않으면 하나님의 나라에 들어갈 수 없습니다. 그런데 에베소서 2장 8절에 "너희가 그 은혜를 인하여 믿음으로 말미암아 구원을 얻었나니 이것이 너희에게서 난 것이 아니요 하나님의 선물이라" 말씀했습니다.

그러므로 사람이 물과 성령으로 거듭날 수 있는 것도, 영원한 생명에 이르는 것도 오직 성부, 성자, 성령 삼위일체 하나님의 사랑으로 인한 것이며 값없이 주시는 선물입니다. 날마다 성령으로 영을 낳으며 마음의 죄악을 벗어 버리고 진리의 마음으로 변화되어 가장 아름다운 천국 새 예루살렘 성을 소망하시기 바랍니다.

Plus

'산헤드린 공회'란?

니고데모가 속한 산헤드린 공회는 유대인들의 최고 통치 기관으로 오늘날의 국회와 법원의 기능까지 담당했던 곳이다. 공회의 구성원 수를 71명, 72명 등 조금씩 다르게 보지만 대개 70명이었을 것으로 본다. 최고의장은 대제사장으로 그 구성원은 제사장, 장로, 서기관이었다.

Chapter 15

인자의 살을 먹고
피를 마셔야 영생

인자의 살과 피가 상징하는 것은
무엇인가 살펴보고, 영생을 얻기 위하여
인자의 살과 피를 먹고 마시는 방법에 대해 알아본다.

읽을 말씀: 요한복음 6:53~55

··· 인자의 살을 먹지 아니하고 인자의 피를 마시지 아니하면
너희 속에 생명이 없느니라 ···

외울 말씀: 요한복음 6:53

예수께서 이르시되 내가 진실로 진실로 너희에게 이르노니
인자의 살을 먹지 아니하고 인자의 피를 마시지 아니하면
너희 속에 생명이 없느니라

참고 말씀: 출애굽기 12:9~10

날로나 물에 삶아서나 먹지 말고 그 머리와 정강이와 내장을
다 불에 구워 먹고 아침까지 남겨 두지 말며
아침까지 남은 것은 곧 소화하라

내 살을 먹고 내 피를 마시는 자는 영생을 가졌고 마지막 날에 내가 그를 다시 살리리니 내 살은 참된 양식이요 내 피는 참된 음료로다 요한복음 6:54~55

사람이 이 땅에서 생명을 유지하며 건강하게 살아가기 위해서는 적당한 음식을 섭취해야 하듯이, 우리가 영적인 생명을 유지하여 영생을 얻기 위해서는 인자의 살과 피를 먹고 마셔야 합니다.

과연 인자의 살과 피란 무엇이며, 어떻게 먹고 마셔야 하는 것일까요? 우리가 왜 인자의 살과 피를 먹고 마셔야만 영생할 수 있을까요?

1. 인자의 살을 먹는다는 것

요한복음 6장 53절에 "인자의 살을 먹지 아니하고 인자의 피를 마시지 아니하면 너희 속에 생명이 없느니라" 말씀했습니다. 여기서 인자의 살이란 예수님의 살 곧 하나님의 말씀을 의미합니다.

요한복음 1장 1절에 "말씀은 곧 하나님이시니라" 했고, 요한복음 1장 14절에는 "말씀이 육신이 되어 우리 가운데 거하시매 우리가 그 영광을 보니 아버지의 독생자의 영광이요 은혜와 진리가 충만하더라" 하셨습니다. 그런가 하면 예수님은 스스로 "나는 하늘로서 내려온 산 떡이니 사람이 이 떡을 먹으면 영생하리라 나의 줄 떡은 곧 세상의 생명을 위한 내 살이로라"(요 6:51) 말씀하셨습니다.

인자의 살을
먹는다는 말씀은
무슨 의미일까요?

참된 양식인 인자의 살 곧 하나님의 말씀을 먹어야 영생할 수 있다는 것입니다. 우리가 인자의 살을 먹는다는 것은 성경 66권에 기록된 하나님 말씀을 양식 삼는 것을 의미합니다.

하나님 말씀을 양식 삼는다는 것은 성경 말씀을 지식으로만 아는 것이 아닙니다. 말씀으로 자신을 변화시키는 것이지요. 말씀을 지식으로만 담는 사람은 세월이 흐르면 잊어버리기도 하고 행함이 따르지 않습니다. 반면 마음에 양식 삼은 사람은 하나님 말씀을 암송할 때도 영적인 의미를 새기고 묵상하며 삶 속에 행함으로 나타냅니다.

예를 들어, "너희 원수를 사랑하며 너희를 핍박하는 자를 위하여 기도하라"(마 5:44) 하신 말씀을 머리로만 알고 마음에 양식 삼지 않았다면, 어떤 사람이 악을 행하고 핍박할 때 감정이 상하고 상대가 미워지며 결국 악으로 갚고 맙니다. 그러나 "사랑하라"는 말씀을 마음에 양식 삼은 사람은 이 말씀이 성경 몇 장 몇 절에 있는지는 잊어버렸다 해도 상대가 악을 행할 때 저절로 사랑과 긍휼이 우러납니다.

이처럼 하나님 말씀을 마음에 양식 삼아 가면 진리가 채워지며 반대로 비진리가 빠져나가는 것을 체험할 수 있습니다.

2. 인자의 살을 먹는 방법

출애굽기 12장에는 유월절 어린양에 대한 내용이 나옵니다. 예수님을 어린양에 비유하여 인자의 살을 먹는 방법을 구체적으로 알려주고 있습니다. 즉 "날로나 물에 삶아서나 먹지 말고 그 머리와 정강이와 내장을 다 불에 구워 먹고 아침까지 남겨 두지 말며 아침까지 남은 것은 곧 소화하라"(출 12:9~10) 하셨습니다.

먼저, '날로 먹지 말라'고 하셨는데 무슨 뜻일까요?

우리가 하나님의 말씀에 담긴 영적 의미를 깨닫지 못하고 문자 그대로 해석해서는 안 된다는 것입니다. 고기를 날로 먹으면 소화도 잘 안 되고 배탈 나기 쉽습니다. 이처럼 하나님의 말씀도 날로 먹으면 엉뚱한 해석이 나오게 됩니다.

인자의 살을
날로 먹지 말라는
말씀은 무슨
의미일까요?

예를 들어, 마태복음 6장 6절에 "너는 기도할 때에 네 골방에 들어가 문을 닫고 은밀한 중에 계신 네 아버지께 기도하라" 말씀했습니다. 이 말씀을 문자대로 해석하면 골방에 들어가 기도해야 합니다. 그러나 성경 어디에도 믿음의 선진들이 골방에서 기도했다는 기록은 없습니다.

예수님께서도 골방이 아닌 동산이나 한적한 곳에서 기도하셨습니다. 골방은 영적으로 사람의 마음을 의미합니다. 따라서 '골방에 들어가 기도하라'는 말씀은 골방이 외부와 완전히 차단되듯이, 세상 근심 걱정이나 잡념 속에서 중언부언하지 말고 마음과 뜻과 정성을 다해 중심 바쳐 기도하라는 의미입니다. 따라서 인자의 살을 먹되 하나님 말씀을 문자 그대로 해석하지 말고 성령의 감동함 가운데 영적인 뜻을 알아서 양식 삼아야 합니다.

인자의 살을 물에 삶아 먹지 말라는 말씀의 의미는 무엇일까요?

다음으로, '물에 삶아 먹지 말라'고 했는데, 이는 하나님 말씀에 세상 것을 가미해서는 안 된다는 뜻입니다. 예를 들어, 하나님 말씀을 증거하면서 "어떤 철학자는 이렇게 말했다." 하며 세상 지식을 인용하여 마치 진리인 양 해서는 안 됩니다. 사람의 생각과 지식은 극히 제한적이며 아무리 훌륭한 사상도 온전하지 않습니다. 반면 하나님의 말씀은 세상 어떤 지식보다 뛰어나며(고전 1:25) 유일한 진리요, 영원히 변함이 없기 때문에 세상 것을 가미해서는 안 됩니다.

또한 '머리와 정강이와 내장을 다 불에 구워 먹으라'고 했는데, 이는 창세기부터 요한계시록까지 성경 66권에 기록된 모든 말씀을 양식 삼아야 한다는 뜻입니다. 어떤 사람은 레위기처럼 이해하기 어려운 말씀은 빼고 읽거나 하나님께서 베푸신 기사와 표적은 믿지 않습니다. 이렇게 생각에 맞지 않는 것을 빼면 결국 윤리와 도덕에 해당하는 것만 남지 않겠습니까. 더구나 자신이 지키기 어려운 말씀들은 흘려 버리니 아무리 하나님 말씀을 읽는다 해도 믿음이 성장할 수도, 영생을 얻을 수도 없습니다.

하나님의 말씀은 자기 생각에 맞는 특정한 부분만 취하는 것이 아니라, 모든 말씀을 온전히 믿고 양식 삼아야 합니다. 그래서 하나님께서는 어린양을 통째로 불에 구워 먹으라고 명하신 것입니다.

여기서 불은 성령의 불을 뜻합니다. 즉 하나님 말씀을 성령의 감동함 속에 깨닫고 양식 삼으라는 것입니다. 만일 하나님 말씀을 성령의 감동으로 풀지 않고 억지로 풀면 오히려 진리에서 벗어나 사망의 길로 갈 수 있습니다(벧후 3:16).

마지막으로, '아침까지 남겨 두지 말고 아침까지 남은 것은 곧 소화(불사르거나 태움) 하라' 했는데 무슨 뜻일까요?

고기를 아침까지 남겨 두지 말라는 말씀의 의미는 무엇일까요?

우리가 사는 이 세상은 원수 마귀 사단이 권세를 잡고 있는 어두운 세상입니다. 그래서 영적으로는 밤에 속하지만 때가 이르러 참 빛이신 주님께서 이 땅에 재림하시면 영적으로는 아침이 되지요.

이처럼 주님이 우리를 데리러 다시 오시면 더 이상 마음밭을 개간하여 변화될 수 있는 기회가 없습니다. '더 빨리 죄악을 버리고 영으로 들어갈 걸, 더 좋은 천국에 들어가기 위해 마음의 성결을 이루고 상급도 많이 쌓을 걸…' 아무리 안타깝게 후회해도 이미 늦습니다.

따라서 고기를 아침까지 남겨 두지 말라는 말씀은, 주님이 다시 오시기 전에 부지런히 하나님 말씀을 잘 양식 삼아 신부단장을 온전히 마치라는 뜻입니다.

3. 인자의 피를 마신다는 것

요한복음 6장 54~55절에 "내 살을 먹고 내 피를 마시는 자는 영생을 가졌고 마지막 날에 내가 그를 다시 살리니 내 살은 참된 양식이요 내 피는 참된 음료로다" 하셨습니다.

영생하려면
어떠한 행함이
따라야 할까요?

우리가 생명을 유지하려면 음식과 함께 물을 마셔야 합니다. 음식과 물을 함께 섭취해야 소화되어 영양분이 흡수되고 노폐물은 배설될 수 있습니다. 마찬가지로 우리가 인자의 살과 함께 반드시 인자의 피를 마셔야 영생할 수 있습니다.

인자의 피를 마신다는 것은, 양식 삼은 하나님 말씀을 행하는 것을 의미합니다. 하나님의 말씀을 행함으로 실천할 때 영적인 믿음이 되고 생명이 됩니다. 그래서 야고보서 2장 22절에 "네가 보거니와 믿음이 그의 행함과 함께 일하고 행함으로 믿음이 온전케 되었느니라" 말씀합니다. 우리가 양식 삼은 하나님 말씀을 행할 때 진리는 흡수되고 그와 반대되는 비진리는 배설되므로 검은 마음에서 하얀 마음으로 변화됩니다.

가령 "미워하지 말라, 서로 사랑하라"는 말씀을 양식 삼아 그대로 행하면 '사랑'이라는 영양분은 흡수되고 '미움'이라는 노폐물은 배설됩니다. 이렇게 하나님 말씀을 양식 삼아 행하면 비진리의 마음은 빠져나가고 선한 마음 곧 진리의 마음으로 변화되어 갑니다.

이처럼 인자의 살과 피를 먹고 마신다는 말씀의 영적인 의미를 깨달아 열심히 하나님 말씀을 양식 삼아 지켜 행함으로 영원한 생명을 얻으시기 바랍니다.

Plus

'어린양'이란?

아직 교미하지 않은 일 년 된 양을 어린양이라고 하는데 영적으로는 흠도 점도 없이 순결하신 예수님을 뜻한다. 양이 순종을 잘하고 온유하며 사람들에게 털과 고기와 젖 등 모든 것을 아낌없이 제공하듯이, 예수님도 하나님의 뜻에 온전히 순종하며 우리를 구원하기 위해 자신의 생명까지도 아낌없이 주셨다. 일반적으로 하나님을 믿는 성도들을 양이라고 표현하므로 어린양은 초신자를 의미한다고 오해하는 경우가 있으나 그렇지 않다.

Chapter 16

빛 가운데 행할 때의 축복

빛과 어둠에 담긴 영적인 의미를 살펴보고
빛이신 하나님과 사귐을 갖는 방법에 대해 알아본다.

읽을 말씀: 요한일서 1:5~7

우리가 저에게서 듣고 너희에게 전하는 소식이 이것이니
곧 하나님은 빛이시라 그에게는 어두움이 조금도 없으시니라 …

외울 말씀: 요한일서 1:7

저가 빛 가운데 계신 것같이 우리도 빛 가운데 행하면
우리가 서로 사귐이 있고 그 아들 예수의 피가
우리를 모든 죄에서 깨끗하게 하실 것이요

참고 말씀: 요한일서 5:18

하나님께로서 난 자마다 범죄치 아니하는 줄을 우리가 아노라
하나님께로서 나신 자가 저를 지키시매 악한 자가 저를
만지지도 못하느니라

아무리 칠흑같이 어두운 밤이라 해도 태양이 떠오르면 순식간에 어둠이 사라지고 밝은 세상이 됩니다. 우리가 태양과 비교할 수 없이 밝은 빛이신 하나님을 만나면 아무리 힘들고 어려운 문제라 할지라도 쉽게 해결할 수 있습니다. 따라서 하나님을 만나 빛 가운데 행하는 것이 각종 인생의 문제를 근본적으로 해결할 수 있는 가장 확실한 길입니다.

1. 빛과 어둠의 영적인 의미

요한일서 1장 5절에 "하나님은 빛이시라 그에게는 어두움이 조금도 없으시니라" 말씀하셨습니다. 여기서 빛이란 영적으로 무엇을 의미할까요? 어둠이 전혀 없는 온전하신 하나님을 나타냄과 동시에 진리, 선, 사랑 자체를 뜻합니다.

성경에 기록된 하나님의 말씀은 크게 넷으로 나눌 수 있습니다. 바로 "하라, 하지 말라, 지키라, 버리라"는 말씀으로서 이 진리의 말씀들이 바로 빛에 해당하는 말씀입니다. 그래서 "기도하라, 사랑하라, 용서하라, 겸손하라, 안식일을 지키라, 십계명을 지키라"는 말씀대로 행할 때 빛 가운데 거할 수 있습니다. 또한 "하지 말라, 버리라" 말씀하신 대로 행하는 것도 빛 가운데 거하는 것입니다.

영적으로
빛과 어둠은
무엇을 의미할까요?

그러면 어둠이란 무엇일까요? 일반적으로 빛이 없는 깜깜한 상태를 말하며, 영적으로는 죄에 속한 모든 것을 의미합니다. 곧 불의, 불법, 악, 비진리가 여기에 속하지요. 하나님께서 "하지 말라, 버리라" 말씀하신 것을 계속 행하고 버리지 않는 것이 어둠입니다.

"도적질하지 말라, 살인하지 말라, 미워하지 말라, 우상을 숭배하지 말라, 악은 모양이라도 버리라, 시기 질투를 버리라, 탐심을 버리라, 교만을 버리라, 육신의 생각을 버리라" 등 하나님의 말씀에 순종하지 않는 것이 어둠입니다. 하나님께서 "하라, 지키라" 하신 것을 하지 않고, 지키지 않는 것 역시 어둠에 거하는 것이라 할 수 있습니다.

여러분은 빛과 어둠 중 어디에 속하십니까? 하나님은 어둠이 단 1%도 없으신 100% 온전한 빛이시므로 우리도 100% 빛 가운데 행하기 원하십니다. 어둠이 있으면 어둠의 주관자인 원수 마귀 사단이 그것을 빌미로 시험과 환난을 가져다주기 때문입니다.

2 빛이신 하나님과 사귐이 있으려면

부모에게 자녀는 눈에 넣어도 아프지 않을 만큼 귀하고 소중한 존재입니다. 그런 자녀가 장성하여 부모의 마음을 헤아림으로 깊은 사랑을 주고받을 수 있다면 얼마나 행복하겠습니까. 하나님께서도 우리와 사랑을 주고받을 수 있는 친밀한 사귐을 갖기 원하십니다.

그래서 요한일서 1장 7절에 "저가 빛 가운데 계신 것같이 우리도 빛 가운데 행하면 우리가 서로 사귐이 있고" 말씀하셨습니다. 하나님과 사귐을 갖는 데에는 단서가 있는데 진리 즉 빛 가운데 행해야 한다는 것입니다. 어둠과 짝하며 악을 행하는 사람은 하나님과 사귐을 가질 수 없습니다. 이는 하나님께서 싫어하시는 원수 마귀 사단을 따르는 것이기 때문입니다.

만일 자녀가 나를 욕하고 죽이려고 하는 악한 자들과 함께 어울리며 나쁜 짓을 일삼는다면 얼마나 마음이 아프겠습니까.

빛이신 하나님과 사귐을 가지려면 어떻게 해야 할까요?

이처럼 우리가 빛이신 하나님 말씀대로 행하지 않고 어둠 가운데 죄를 짓는다면 원수 마귀 사단을 붙좇는 것이기에 하나님께서 심히 마음 아파하십니다.

그렇다면 여러분은 하나님과 사귐이 있다고 자신 있게 말할 수 있습니까? '사귐'이란 일방적인 것이 아닙니다. 단지 내 편에서만 상대를 안다고 해서 사귐이 있다고 할 수는 없습니다.

하나님과 사귐이 있다고 하는 증거는 무엇일까요?

나는 대통령을 잘 알아도 대통령이 나를 모른다면 서로 사귀는 것이 아닙니다.

그런데 사귐도 그 정도가 다 다릅니다. 서로 얼굴만 아는 사이가 있는가 하면, 좀 더 가깝게 안부를 묻는 관계도 있고, 아주 친밀하게 비밀을 나눌 수 있는 사이도 있습니다.

하나님과 사람과의 관계도 마찬가지입니다. 하나님과 교통하는 진정한 사귐이 되려면 하나님께서 나를 알고 믿으며 인정해 주셔야 합니다. 앞서 말한 대로 빛 가운데 거할 때 곧 빛이신 하나님 말씀에 순종하여 행할 때 믿음이 있다, 내가 너를 안다 인정해 주십니다.

마태복음 7장 21절에 "나더러 주여 주여 하는 자마다 천국에 다 들어갈 것이 아니요 다만 하늘에 계신 내 아버지의 뜻대로 행하는 자라야 들어가리라" 말씀했습니다. 아무리 "주여! 주여!" 하며 부르짖어 기도한다 해도 하나님 뜻대로 행치 않으면 하나님께서는 "불법을 행하는 자들아 나는 너를 모른다." 하실 수밖에 없습니다.

하나님과 사귐이 있다면 그 증거들이 분명히 나타납니다. 즉 구하는 것마다 응답을 받아 하나님께 영광 돌리며 하나님의 지킴과 보호하심을 받습니다. 그러니 질병으로 고통 받거나 연약할 이유가 없고, 시험 환난을 만나거나 재앙을 당하지도 않습니다.

3. 어둠을 버리고 빛 가운데 행해야 축복

아무리 짙은 어둠도 빛이 비취면 물러갈 수밖에 없습니다. 어둠은 결코 빛을 이길 수가 없기 때문입니다. 따라서 우리가 빛 가운데 거하면 어둠의 권세가 결코 역사하지 못합니다. 우리가 빛 가운데 50% 산다면 50%의 권세가 따르고, 90% 산다면 90%의 권세가 따릅니다.

빛의 권세는 우리가 얼마나 빛 가운데 행하느냐에 따라 달라집니다. 전등을 열 개 켰을 때의 빛은 한 개 켰을 때보다 훨씬 밝습니다. 마찬가지로 영적인 빛이 강할수록 어둠의 세력을 물리치는 힘도 세집니다. 따라서 "하라, 지키라, 하지 말라, 버리라" 하신 말씀에 순종하는 만큼 어둠을 물리칠 수 있습니다.

비록 예전에는 어둠에 있었을지라도 지금부터라도 빛 가운데 거하면 어둠에 있을 때 찾아왔던 질병과 가난 등 온갖 문제가 떠납니다. 축복의 길이 열리며 빛이신 하나님으로부터 응답이 임합니다. 이처럼 빛 가운데 거하는 만큼 빛의 권세가 따르게 됩니다.

빛의 권세를 가지려면 어떻게 해야 할까요?

그러나 하나님 앞에 죄를 지으며 어둠 가운데 살면 원수 마귀 사단이 역사합니다. 죄 가운데 살면 그 자체가 어둠이기에 어둠의 세력을 쫓아낼 수가 없습니다. 죄를 벗고 진리를 쫓을 때라야 원수 마귀 사단을 물리칠 수 있는 힘이 오므로 범죄하여 어둠 가운데 있다면 신속히 회개하고 돌이켜야 합니다.

요한일서 1장 7절에 "저가 빛 가운데 계신 것같이 우리도 빛 가운데 행하면 우리가 서로 사귐이 있고 그 아들 예수의 피가 우리를 모든 죄에서 깨끗하게 하실 것이요" 말씀했습니다. 즉 하나님 말씀대로 행하여 빛 가운데 거해야 예수님의 보혈이 우리의 모든 죄를 깨끗하게 하신다는 뜻입니다.

어떤 사람은 "믿습니다!" 하고 고백하기만 하면 죄를 용서받고 구원받는 줄로 아는데 성경 어디에도 그렇게 쓰여 있지 않습니다. 하나님 말씀대로 살면서 빛 가운데 행할 때 서로 사귐이 있고 죄 사함을 받는 것입니다. 어둠에 있으면 참 빛이신 주님과 하나 될 수 없습니다.

주님과
하나 된 증거는
무엇일까요?

우리가 빛 가운데 행할 때 주님과 하나 되어 '주님의 권세'가 나의 것이 될 수 있습니다. '예수 그리스도의 이름으로' 능히 어둠의 세력을 물리치고 구하는 것마다 응답을 받는 것이지요.

주님과 하나 된 증거는 바로 빛 가운데 행하는 것입니다. 빛 가운데 행하는 사람이 "예수 그리스도의 이름으로 명하노니 질병아 물러가라, 재앙아 물러가라, 가난아 물러가라, 시험 환난아 물러가라." 하며 기도할 때 그대로 이루어집니다.

요한일서 5장 18절에 "하나님께로서 난 자마다 범죄치 아니하는 줄을 우리가 아노라 하나님께로서 나신 자가 저를 지키시매 악한 자가 저를 만지지도 못하느니라" 했습니다. 하나님과 사귐이 있는 사람은 빛 가운데 행하므로 범죄하지 않습니다. 이런 사람은 하나님께서 지켜 주셔서 악한 자가 만지지도 못하며, 들어와도 나가도 복을 받아 만사가 형통합니다(신 28:1~14 ; 요삼 2).

빛이신 하나님의 자녀로서 어둠을 벗어 버리고 밝은 빛 가운데 행함으로 하나님의 자녀 된 권세와 축복을 마음껏 누리시기 바랍니다.

Plus

'마귀'란?

악한 영들에 속한 마귀는 루시퍼와 함께 타락한 천사 중 일부로, 검은 형상에 사람처럼 이목구비와 손발이 있다. 사단의 지시를 받아 귀신을 관리하고 지시하며 비진리의 사람들로 하여금 온갖 죄를 짓게 한다. 사단이 생각으로 죄를 짓게 한다면, 마귀는 비진리의 생각을 행동으로 옮기게 한다.

구원받을 믿음과 구원받은 믿음의 차이

예수 그리스도를 믿고 성령을 선물로 받아
하나님의 자녀 된 권세를 얻는 것은 참으로 놀라운 일입니다.
원수 마귀의 종에서 하나님 자녀로 신분이 완전히 바뀌었기 때문입니다.
이처럼 성령 받은 후 구원의 확신 가운데
하나님의 자녀로서 살아가는 믿음을 '구원받은 믿음'이라고 합니다.

구원받을 믿음이 하나님의 자녀가 되려고 노력하여
통회자복을 하기까지의 믿음이라면
구원받은 믿음은 통회자복 후에 성령을 받아
하나님 말씀을 행해 나가는 믿음입니다.

구원받을 믿음과 구원받은 믿음을 구분하는 기준은
바로 성령을 받았느냐 받지 않았느냐 하는 것입니다.

우리에게 '구원받은 믿음'이 주어지면 세상을 좇아 살아왔던
잘못된 구습을 버리고 하나님 말씀대로 살고 싶어집니다.
억지로가 아니라 하나님 사랑에 감사하여 마음 중심에서 우러나와
말씀을 지켜 행하게 됩니다.

처음에는 겨자씨만 한 믿음에서 출발하지만
하나님 말씀을 듣고 지켜 행해 나가면서
어떤 비바람에도 끄떡없는 나무처럼 큰 믿음으로 성장하여
풍성한 열매를 맺습니다.

| 이재록 목사 저서 『신앙인의 기본』 중에서 |

Part 5

믿음의 분량

"내게 주신 은혜로 말미암아 너희 중 각 사람에게 말하노니

마땅히 생각할 그 이상의 생각을 품지 말고

오직 하나님께서 각 사람에게 나눠 주신

믿음의 분량대로 지혜롭게 생각하라"

로마서 12:3

Chapter 17

육적인 믿음과
영적인 믿음

육적인 믿음은 구원받지 못하기에
참 믿음인 영적인 믿음을 소유하여
하나님께 인정받는 성도가 되게 한다.

읽을 말씀: 히브리서 11:1~3
믿음은 바라는 것들의 실상이요 보지 못하는 것들의 증거니
선진들이 이로써 증거를 얻었느니라 …

외울 말씀: 히브리서 11:1
믿음은 바라는 것들의 실상이요 보지 못하는 것들의 증거니

참고 말씀: 야고보서 2:26
영혼 없는 몸이 죽은 것같이 행함이 없는 믿음은 죽은 것이니라

하나님이 인정하시는 믿음은 보배 중의 보배요, 모든 문제를 해결하며 영의 세계에 들어갈 수 있는 열쇠와 같습니다. 믿음이 있어야 하나님을 기쁘시게 할 수 있고 기도에 응답받으며, 천국에 갈 수 있기 때문입니다.

또한 우주 만물의 주인이신 하나님을 언제 어디서든지 만날 수 있는 특권이 바로 믿음입니다. 그런데 믿음에는 하나님께서 인정하시는 영적인 믿음과 그렇지 않은 육적인 믿음이 있습니다.

1. 육적인 믿음

육적인 믿음은 눈으로 보아 확인되고, 내가 아는 상식이나 지식과 일치될 때 믿는 믿음입니다. 그래서 지식적인 믿음, 이성적인 믿음이라고 합니다. 이런 믿음은 유(有)에서 유 창조, 즉 있는 재료를 가지고 뭔가를 만들어 내는 것을 믿는 믿음이므로 누구나 소유할 수 있습니다.

사람은 태어나 성장하면서 뇌 속에 있는 기억 장치에 여러 지식을 입력합니다. 가정, 학교, 직장 등 주변 환경을 통해 보고 들은 지식을 기억해 두었다가 필요할 때에 사용합니다. 이처럼 입력된 지식들 중에는 진리가 아닌 비진리가 많습니다. 한때 진리라고 알려졌던 것이 세월이 지나면서 옳지 않다고 밝혀지는 경우가 많지요.

이를 통해서도 세상 지식이 온전치 않다는 것을 알 수 있습니다. 반면에 진리인 하나님의 말씀은 영원토록 변함이 없습니다. 대부분의 사람들은 진리를 알지 못하기 때문에 비진리가 진리인 줄 알고 배우며 살아갑니다. 그래서 진화론을 비롯해 유(有)에서 유(有)의 창조만 배워 온 사람은 아무것도 없는 무(無)의 상태에서 유(有)를 창조할 수 있다는 것을 믿지 못합니다. 눈에 보이지 않는 하나님이 천지 만물을 말씀으로 창조하셨다는 사실이 믿어지지 않는 것입니다.

육적인
믿음이란
무엇일까요?

성경을 보면 하나님께서 천지 만물을 눈에 보이지 않는 무(無) 상태에서 창조하셨습니다. 하나님의 아들이신 예수님께서는 소경의 눈을 뜨게 하고 앉은뱅이를 일어나 걷고 뛰게 하셨습니다. 심지어 죽은 지 이미 나흘이 지나 썩어 냄새나는 나사로도 살리셨습니다.

육적인 믿음을 지닌 사람은 무에서 유의 창조가 믿어지지 않으니 이러한 말씀을 들어도 믿으려 하지 않습니다. 비록 주님을 영접했다 해도 자신이 옳다 생각하는 의와 하나님 말씀이 상반되는 것이 발견되니 마음에 갈등이 생깁니다.

예를 들어, 세상 사람들은 원수를 갚아야 의롭다고 하는데 하나님께서는 '원수까지라도 사랑하라, 누구든지 네 오른편 뺨을 치거든 왼편도 돌려 대라'고 말씀하시니 의심이 생기고 온전히 하나님의 말씀대로 행하지 못합니다. 이런 사람은 "믿습니다." 고백해도 기도의 응답을 받을 수 없습니다.

육적인 믿음으로
기도의 응답을
받을 수 있을까요?

야고보서 2장 26절에 "영혼 없는 몸이 죽은 것같이 행함이 없는 믿음은 죽은 것이니라" 말씀하신 대로 하나님께서 믿음으로 인정하지 않으시기 때문입니다. 따라서 육적인 믿음은 행함이 없는 죽은 믿음이요, 결국 구원도 받을 수 없습니다.

2. 영적인 믿음

육적인 믿음과 달리 영적인 믿음은 무(無)에서 유(有)의 창조를 믿는 믿음입니다. 눈에 보이지 않고 나의 생각과 지식에 맞지 않아도 하나님의 모든 말씀을 믿는 믿음이지요. 또한 하나님이 '하라, 지키라, 하지 말라, 버리라' 하신 말씀대로 순종하는 믿음입니다.

영적인 믿음을 가진 사람은 하나님이 천지 만물을 아무것도 없는 무(無) 상태에서 말씀으로 창조했다는 것을 믿습니다. 빛이 있으라 하시매 빛이 있었고, 보이지 않지만 하나님이 살아 계셔서 생사화복과 세계 역사를 주관하신다는 것을 의심하지 않습니다.

또한 2천여 년 전 이 땅에 오신 하나님의 아들 예수님이 십자가에 죽으시고 삼 일 만에 부활하셨으며, 다시 우리를 데리러 오신다는 것을 믿고 기다립니다.

영적인 믿음과
육적인 믿음의 차이는
무엇일까요?

이런 믿음을 가진 사람은 범사에 하나님을 인정하고 의뢰하기 때문에 어떤 문제도 해결받고 응답을 받습니다. 그래서 마가복음 9장 23절에 "할 수 있거든이 무슨 말이냐 믿는 자에게는 능치 못할 일이 없느니라" 말씀하신 것입니다. 그런데 영적인 믿음은 자기가 원한다고 가질 수 있는 것이 아닙니다.

로마서 12장 3절에 "오직 하나님께서 각 사람에게 나눠 주신 믿음의 분량대로 지혜롭게 생각하라" 말씀하신 대로 하나님께서 각 사람에게 나눠 주신 분량만큼 가질 수 있습니다.

만약 하나님께서 위로부터 주시지 않아도 스스로 영적인 믿음을 가질 수 있다면 이 세상에 응답과 축복을 받지 못할 사람이 없을 것입니다. "주여, 대통령이 되게 해 주옵소서." 하면 대통령이 될 것이고, 미운 사람이 있으면 "주여, 저 사람을 징계해 주옵소서." 하면 그대로 될 것이니 이 세상이 얼마나 혼란스러워지겠습니까.

따라서 사랑과 공의의 하나님께서는 아무에게나 영적인 믿음을 주시지 않습니다. 어둠을 벗어 버리며 빛 가운데 행할 때 위로부터 믿어지는 영적인 믿음을 주십니다. 이처럼 하나님께서 주시는 선물, 곧 영적인 믿음은 행함이 따르고 반드시 응답을 받아 하나님께 영광 돌리기 때문에 행함 있는 믿음, 산 믿음이라고도 합니다.

3. 영적인 믿음을 소유하려면

히브리서 11장 6절에 "믿음이 없이는 기쁘시게 못하나니 하나님께 나아가는 자는 반드시 그가 계신 것과 또한 그가 자기를 찾는 자들에게 상 주시는 이심을 믿어야 할지니라" 말씀하고 있습니다.

하나님께서 원하시는 영적인 믿음을 소유하려면 반드시 하나님이 계신 것과 하나님을 찾는 사람에게 상 주시는 이심을 믿어야 합니다. 또한 계명들을 지켜 행하며 신속히 자신을 진리로 변화시켜야 합니다.

영적인 믿음을
소유하는 데
가장 방해되는 것은
무엇일까요?

그런데 세상에서 입력된 비진리의 지식이 영적인 믿음을 갖는 데에 큰 방해 요소가 됩니다. 세상의 지식은 육신의 생각을 동원케 하고 의심하게 하므로 비진리의 세상 지식을 뽑아 버리지 않으면 육적인 믿음을 영적인 믿음으로 변화시킬 수 없습니다. 그래서 하나님의 말씀을 열심히 보고 들으며 불같이 기도함으로 마음 안에 있는 비진리를 빼내고 진리로 채워야 합니다.

로마서 10장 17절에 "믿음은 들음에서 나며 들음은 그리스도의 말씀으로 말미암았느니라" 말씀하셨으니 먼저는 열심히 하나님 말씀을 들으며 가르침 받아야 합니다. 하나님 말씀을 지식으로 담아 두지 않으면 진리를 알지 못하니 행할 수 없습니다.

그러므로 하나님 말씀을 열심히 듣고 가르침을 받는 것은 매우 중요합니다. 하지만 이에 그쳐서는 안 됩니다. 만일 하나님의 말씀을 지식으로만 담고 있으면 지식적인 믿음에 지나지 않습니다. 한 걸음 더 나아가 아는 말씀을 행함으로 옮겨야 합니다. 즉 육적인 믿음에서 영적인 믿음으로 바꾸려면 그만큼 행함이 따라야 한다는 것입니다.

육적인 믿음을
영적인 믿음으로 바꾸려면
어떻게 해야 하나요?

가령, 어떤 사람이 훌륭한 피아니스트가 되고 싶은데 피아노 교본을 백 번, 천 번 읽기만 한다면 피아노를 연주할 수 있을까요? 아닙니다. 이론은 해박할지 몰라도 실제 행함으로 연습하지 않았기 때문에 연주를 할 수가 없습니다. 이론을 익히고 열심히 연습해야 훌륭한 피아니스트가 될 수 있는 것처럼 하나님 말씀을 양식 삼고 행할 때라야 영적인 믿음이 주어집니다.

아브라함도 하나님 앞에 행함으로 온전한 믿음을 내보였기 때문에 하나님의 벗이요, 믿음의 조상이라 불릴 수 있었습니다. 하나님께서 아브라함에게 독자 이삭을 번제로 바치라고 했을 때 행함으로 순종하지 않았다면 믿음의 조상이 될 수 없었을 것입니다. 그러나 아브라함은 하나님을 진심으로 신뢰했기 때문에 순종함으로 자신의 믿음을 온전히 확증시켜 드릴 수 있었습니다.

이처럼 영적인 믿음을 소유해야 하나님의 인정과 사랑을 받으며 영혼이 잘됨같이 범사가 잘되고 영육 간에 강건한 축복을 받게 됩니다. 하나님께서 기뻐하시는 영적인 믿음을 소유하여 구원을 받음은 물론, 가장 아름다운 천국 새 예루살렘 성까지 침노하시기 바랍니다.

Plus

'이삭'은 어떤 인물일까?

아브라함이 100세, 아내 사라가 90세에 낳은 아들이다. 아브라함이 하나님의 명령에 따라 번제물로 바치기 위해 죽이려고 했을 때 이삭은 순순히 응했다. 사랑의 하나님께서는 그를 대신하여 수양을 준비해 주셨다. 이삭은 아내 리브가와의 사이에서 쌍둥이 에서와 야곱을 낳았다.

Chapter 18

구원받기 위한
믿음의 1단계

믿음의 가장 초보 단계라 할 수 있는
믿음의 1단계와 이에 해당하는 사람들이 들어가는
천국 곧 낙원의 삶에 대해 알아본다.

읽을 말씀: 사도행전 2:38~39
베드로가 가로되 너희가 회개하여 각각 예수 그리스도의 이름으로
세례를 받고 죄 사함을 얻으라 그리하면 성령을 선물로 받으리니…

외울 말씀: 사도행전 2:38
베드로가 가로되 너희가 회개하여 각각 예수 그리스도의 이름으로
세례를 받고 죄 사함을 얻으라 그리하면 성령을 선물로 받으리니

참고 말씀: 요한일서 2:12
자녀들아 내가 너희에게 쓰는 것은
너희 죄가 그의 이름으로 말미암아 사함을 얻음이요

부모에게 자녀는 눈에 넣어도 아프지 않을 만큼 사랑스러운 존재입니다. 그 아이가 자라 유년기를 거쳐 청년이 되고 어른이 되면 얼마나 든든하고 대견하겠습니까? 그런데 자녀가 몇 년이 지나도 성장하지 않고 있다면 부모는 근심 걱정할 수밖에 없습니다.

믿음으로 거듭난 하나님의 자녀들도 마찬가지입니다. 요한일서 2장에 기록된 대로 자녀들의 믿음이 쑥쑥 자라나 아이들의 믿음, 청년들의 믿음, 아비들의 믿음이 되어야 하나님께서 기뻐하시고 축복해 주십니다. 먼저 믿음의 1단계 곧 자녀들의 믿음에 대해 살펴보겠습니다.

1. 구원받기 위한 믿음의 1단계

믿음의 분량은 각각의 특징에 따라 다섯 단계로 나눌 수 있습니다. 믿음의 1단계는 가장 초보적인 단계의 믿음으로 '성령 받기 위한 믿음' 또는 '구원받기 위한 믿음'이라고 부릅니다. 우리가 주님을 영접하면 하나님께서 성령을 선물로 주시기 때문에 '성령 받기 위한 믿음'이라 합니다. 또한 성령을 받으면 생명책에 이름이 기록되어 천국 백성이 되기 때문에 '구원받기 위한 믿음'이라고도 하지요.

믿음의 1단계는 아직 말씀에 대한 지식이 별로 없어서 말씀대로 행하지 못합니다. 무엇이 죄인지 잘 모르며, 죄를 지어도 성령이 탄식하는 것을 잘 느끼지 못합니다. 그런데 보통 성령 받은 지 얼마 안 된 초신자만 1단계에 해당한다고 생각하면 안 됩니다. 오랫동안 신앙생활한 사람도 믿음의 1단계일 수 있습니다.

성령 받은 지 얼마 안 된 초신자만 믿음의 1단계일까요?

하나님 말씀을 알면서도 행하려고 노력조차 하지 않으면 설령 믿음이 있다 해도 1단계 믿음밖에 안 되는 것입니다. 또한 믿음이 좋아 보이던 사람이 어느 순간 육체의 일을 행하는 경우 믿음의 1단계가 될 수 있습니다. 육체의 일이란 도적질, 거짓말, 간음 등 행위로 짓는 죄를 말합니다.

성령 받은 직후에는 믿음의 1단계인 사람도 성령이 충만하여 가르침 받은 대로 순종하므로 믿음이 좋은 것처럼 보이기도 합니다. 그런데 어느 순간 세상을 바라봄으로써 성령 충만함을 잃어버리면 다시 구습을 좇아 세상과 짝하며 죄를 짓기도 합니다. 이것이 지속되면 성령마저 소멸되어 1단계 믿음도 유지하기 쉽지 않습니다.

그러므로 자신이 1단계 믿음에 속한다면 그 모습 그대로 있으면 안 됩니다. 각종 예배와 기도회, 모임에 참석하여 말씀을 듣고 배우며 열심히 행함으로 믿음의 2단계, 3단계, 4단계로 쑥쑥 성장해 나가야 합니다.

2. 십자가에 달려 회개한 강도의 믿음

누가복음 23장 33절 이하를 보면 예수님이 십자가 처형을 당하실 때 두 강도도 예수님의 좌우편에 못 박혔습니다. 그때 한편 강도는 예수님을 비방하였습니다.

그러나 다른 편 강도는 그를 꾸짖으며 회개하였고 "예수여! 당신의 나라에 임하실 때에 나를 생각하소서!" 하며 예수님을 구세주로 영접했지요. 예수님은 그에게 "오늘 네가 나와 함께 낙원에 있으리라"는 말씀으로 구원을 약속해 주셨습니다.

이 강도는 예수님을 구세주로 영접했을 뿐, 죄악을 버리거나 말씀대로 살지도 않았습니다. 겨우 죽음 직전에 회개하고 주님을 영접했으니 하나님의 말씀을 듣고 배우며 깨우쳐 행할 수 있는 시간이 없었습니다.

회개한 강도는 천국의 어느 처소에 들어갈까요?

이처럼 주님을 영접했지만 하나님의 나라와 의를 위해서 아무 수고한 것이 없는 사람에게 예비된 천국이 바로 낙원입니다. 그렇다고 '죽기 직전에 주님을 영접하기만 하면 구원받아 낙원에 들어갈 수 있으니 나도 그래야겠구나.'라고 생각하면 큰 오산입니다.

누구나 죽음 직전에
주님을 영접하면
구원받을 수 있나요?

하나님께서는 회개한 강도가 죽지 않고 신앙생활을 했다면 주님을 배반하지 않고 끝까지 변치 않을 것을 아셨기 때문에 구원을 허락하신 것입니다.

누구나 죽음 직전에 주님을 영접할 수 있는 것이 아니며, 주님을 영접했다고 해도 믿음이 순식간에 주어지는 것도 아닙니다. 따라서 회개한 강도와 같이 죽음 직전에 구원받는 경우는 매우 드뭅니다.

천국의 가장자리인 낙원에 들어간 사람들은 부끄러운 구원을 받은 것입니다. 이들은 대부분 자기 마음대로 세상과 짝하며 살고 죄를 버리지도 않고 주님을 위해 충성한 것도 없습니다. 그래서 예수 그리스도를 영접하여 지옥에 떨어지지 않고 구원받았다는 사실 하나만으로도 너무나 감사하게 여깁니다.

3. 믿음의 1단계에 속한 성도가 들어가는 천국 처소

낙원은 하나님의 사랑과 긍휼 가운데 마련된 천국의 처소입니다. 하나님의 자녀라 부르기에는 부끄럽지만 차마 지옥으로 보내기에는 안타까운 영혼들을 위해 준비된 곳이지요. 믿음의 단계로 보면 낙원은 간신히 구원받은 믿음을 가진 영혼들이 들어가는 처소로서 하나님 보좌에서 가장 멀리 떨어진 곳입니다. 그만큼 하나님의 영광의 빛이 약하며 천국의 처소 중 가장 낮은 단계에 속합니다.

낙원의 가장자리에는 백보좌 대심판(계 20:11~12)이 있을 때까지 구원받은 영혼들이 머무는 천국의 대기 장소가 있습니다. 온 영을 이루어 새 예루살렘 성에 들어간 영혼들을 제외하고는 창세 이래 구원받은 무수한 영혼이 그곳에 머물고 있습니다. 이처럼 낙원의 일부가 천국의 대기 장소로 사용되고 있으므로, 낙원은 상상을 초월할 만큼 크고 넓습니다.

광활한 낙원은 비록 천국의 여러 처소 중 가장 낮은 단계에 속하지만 이 땅과는 비교할 수 없이 아름답고 행복한 곳입니다. 초원과 같이 잘 정비된 잔디밭과 아름답게 꾸민 정원이 많습니다.

믿음의 1단계 성도들이 들어가는 낙원의 모습은 어떠할까요?

이 땅의 나무나 꽃은 시간이 흐르면 시들고 썩지만 낙원의 나무는 항상 잎사귀가 푸르고 꽃도 시들지 않습니다. 사람이 가까이 다가가면 꽃들은 반갑게 흔들기도 하고 꽃잎을 오므렸다 폈다 하면서 각기 독특하고도 그윽한 향을 발산합니다.

싱그러운 나무에는 탐스러운 과일들이 풍성하게 달려 있습니다.

과일들은 반짝반짝 빛이 나며 윤기가 흘러 아주 먹음직스럽고, 먼지나 벌레가 없으니 먹을 때에 껍질을 벗길 필요가 없습니다.

천국에서 남자들은 머리카락이 동일하게 목선까지 내려옵니다. 반면 여자들의 머리카락 길이는 성결의 정도를 나타내기 때문에 각기 다릅니다. 온 영을 이룬 여인의 머리카락은 척추 끝까지 닿습니다. 그러나 낙원에 있는 여인들의 머리카락은 어깨선에 닿을락 말락 합니다. 옷은 통으로 된 흰옷을 입으며, 옷에 장식하는 브로치나 머리에 장식하는 핀과 면류관은 없습니다.

믿음의 1단계
성도들은 천국에서
어떻게 살아갈까요?

낙원에 들어간 사람은 상급이 없기 때문에 개인 소유의 집이나, 장식품이 없으며 자신에게 속하여 시중 드는 천사도 없습니다. 다만 함께 쉴 수 있는 공공건물에서 서로 섬기며 삽니다.

마치 이 땅의 복지관 같은 건물로서 그 안에는 한 사람만 들어가서 쉬는 작은 방도 있고, 여러 명이 함께 들어가 쉬는 큰 방도 있습니다. 그곳은 개인 소유가 아니므로 자기 취향에 맞게 꾸밀 수 없고 오랫동안 머무르거나 독차지하지도 못합니다. 일정 시간 동안 쉬었으면 다른 사람을 위해 비워 줘야 하고, 자리가 빌 때까지 기다리기도 합니다.

그러나 천국에서는 서로 섬기고 배려하며 모든 것이 질서 있게 운

영되기 때문에 설령 기다린다 해도 그 시간이 길게 느껴지지 않으며 대기하는 장소도 안락하게 준비되어 있습니다. 비록 낙원에서 공동생활을 하며 산다 해도 천국에는 악이 없고 서로 상대의 유익을 구하기 때문에 기쁘고 행복합니다.

그렇다고 해서 성령 받은 하나님의 자녀들이 "나는 낙원에만 들어가도 족하다." 해서는 안 됩니다. 낙원보다 더 좋은 천국을 침노하며 말씀과 기도로 거룩한 영의 사람이 되기 위해 선한 싸움을 싸워야 합니다. 영적인 믿음을 성장시켜 새 예루살렘 성에 들어갈 수 있는 자격을 온전히 갖추시기 바랍니다.

Plus

요한일서 2장 12~14절에 기록된 믿음의 단계는?
　자녀들의 믿음 – 믿음의 1단계
　아이들의 믿음 – 믿음의 2단계
　청년들의 믿음 – 믿음의 3단계
　아비들의 믿음 – 믿음의 4, 5단계

Chapter 19

말씀대로 행하려고 노력하는
믿음의 2단계

말씀대로 행하려고 노력하지만 진리의 마음과
비진리의 마음이 팽팽히 싸우므로
가장 힘들게 느껴지는 믿음의 2단계에 대해 알아본다.

읽을 말씀: 로마서 7:21~25
… 내가 한 법을 깨달았노니 곧 선을 행하기 원하는 나에게 악이
함께 있는 것이로다 내 속 사람으로는 하나님의 법을 즐거워하되
내 지체 속에서 한 다른 법이 내 마음의 법과 싸워 내 지체 속에
있는 죄의 법 아래로 나를 사로잡아 오는 것을 보는도다 …

외울 말씀: 고린도전서 9:25
이기기를 다투는 자마다 모든 일에 절제하나니 저희는 썩을
면류관을 얻고자 하되 우리는 썩지 아니할 것을 얻고자 하노라

참고 말씀: 로마서 8:26
이와 같이 성령도 우리 연약함을 도우시나니 우리가
마땅히 빌 바를 알지 못하나 오직 성령이 말할 수 없는 탄식으로
우리를 위하여 친히 간구하시느니라

우리 주 예수 그리스도로 말미암아 하나님께 감사하리로다 그런즉 내 자신이 마음으로는 하나님의 법을, 육신으로는 죄의 법을 섬기노라 로마서 7:25

아기가 태어나면 이름을 호적에 올리는 것처럼 우리가 주님을 영접하여 성령을 받으면 하늘나라 생명책에 이름이 기록되고 하나님의 자녀 된 권세를 받습니다. 이때가 바로 믿음의 1단계입니다.

그러나 진리를 잘 모르기 때문에 세상과 구별된 삶을 살지 못하고 주님을 믿기 전과 큰 차이 없는 모습으로 살아갑니다. 점점 하나님의 말씀을 들으면서 배운 말씀대로 행하려고 노력할 때 비로소 믿음의 2단계에 이를 수 있습니다.

1. 말씀대로 행하려고 노력하는 믿음의 2단계

믿음의 2단계는 '말씀대로 행하려고 노력하는 믿음'입니다. 이때는 진리대로 행하려고 노력은 하지만 행할 때도 있고, 행하지 못할 때도 있습니다. 예를 들어 "안식일을 온전히 지키라" 했는데 집안이나 직장에서 무슨 일이 있으면 가끔씩 주일을 온전히 지키지 못하니다. 말씀에 순종하여 쉬지 않고 기도하려고는 하지만 바쁜 일이 생기면 기도를 쉬지요. 시험과 환난을 만나면 기뻐하고 감사하려고 애는 쓰지만 어느 한계점에서 참지 못하고 원망 불평을 쏟아냅니다. 내 생각과 뜻에 맞지 않는 상대를 만나면 처음에는 이해해 보려고 노력하지만, 어느 순간에 다다르면 폭발하여 혈기 내고 싸우기도 합니다.

이처럼 육체의 일을 버리지 못한 모습이 바로 아이들의 믿음(요일 2:14), 곧 믿음의 2단계에 속합니다.

요한일서
2장 12~14절을
큰소리로
읽어볼까요?

하나님께서는 신앙의 연수나 직분의 높낮이로 믿음을 판가름하지 않습니다. 얼마나 하나님 말씀대로 행했느냐에 따라 믿음의 유무를 분별하십니다.

그렇다고 믿음이 2단계라고 낙심할 필요는 없습니다. 포기하지 않고 노력해 가면 하나님께서 반드시 더 큰 믿음으로 이끌어 주시기 때문입니다. 비록 당장은 말씀대로 온전히 행하지 못한다 해도 변화되고자 노력하는 그 모습을 하나님께서는 기뻐하십니다.

불같이 기도하며 하나님의 능력을 구하고 말씀대로 행하려고 노력해 가면 스스로도 변화되는 것을 느낄 수 있습니다. 전에는 열 번 범죄했는데 아홉 번, 여덟 번, 다섯 번, 세 번, 한 번으로 점점 줄어들어 마침내는 범죄하지 않는 사람으로 변화됩니다. 이렇게 변화될수록 점점 믿음의 3단계로 성장해 가는 것입니다.

믿음의 2단계에 속한 성도들은 신앙생활이 어렵게 느껴질 수 있습니다. 지식적으로는 하나님의 말씀을 알고 죄와 의와 심판에 대해 배웠습니다. 하지만 마음으로는 여전히 세상이 좋고 비진리를 행하고 싶습니다. 말씀대로 살고자 하는 마음과 죄를 짓고자 하는 마음이 대등하여 신앙생활 하기가 가장 힘든 단계입니다.

죄를 짓고자 하는 마음이 강하면 하나님의 말씀을 알면서도 행치 못하니 점점 충만함이 떨어지고 곤고해지다가 신앙생활을 등한시합니다. 하지만 성령께서는 이처럼 연약한 영혼이라 할지라도 포기하지 않으시고 말할 수 없는 탄식으로 간절히 기도해 주십니다.

로마서 8장 26절에 "성령도 우리 연약함을 도우시나니 우리가 마땅히 빌 바를 알지 못하나 오직 성령이 말할 수 없는 탄식으로 우리를 위하여 친히 간구하시느니라" 말씀한 대로입니다.

믿음의 1단계에 있을 때는 죄가 죄인지도 모르고 죄를 지어도 곤고함이나 성령의 탄식을 느끼지도 못합니다. 그러나 믿음의 1단계를 지나 믿음의 2단계가 되면 죄를 지었을 때 곤고해지고 충만함이 떨어져 괴로워합니다. '이러면 안 되는데…' 하고 성령께서 탄식하는 것을 느낍니

믿음의 1단계와
2단계의 차이는
무엇일까요?

다. 믿음의 2단계는 말씀을 행할 때 하나님의 뜻을 마음에서 깨달아 행하는 것이 아닙니다. 진리를 배웠기 때문에 의무적으로 말씀에 순종하려고 노력할 뿐입니다.

예를 들어, "안식일을 지키라"라는 하나님의 뜻을 깨달은 사람은 주일을 지키는 것이 어렵지 않습니다. 하나님께 예배하고 찬송하며 성도와 교제하는 것이 더없이 행복합니다. 설령 누가 주일에 영화 보러 가자고 해도 일언지하에 거절합니다.

그러나 "안식일을 지키라"는 말씀을 마음으로 깨닫지 못한 사람은 피곤하면 망설여집니다. 집에서 쉬고 싶고 '인터넷으로 예배드리면 안 되나?' 하고 갈등이 생기지요. 친구들이 주일에 여행을 가자고 하면 '주일을 지켜야 된다.'는 마음과 '여행을 갈까?'라는 두 마음이 대립합니다.

성령의 소욕과 육체의 소욕이 서로 싸운다는 말씀은 무슨 의미일까요?

믿음의 2단계에서는 이처럼 하나님 말씀대로 행하려는 성령의 소욕과 세상을 좇으려는 육체의 소욕이 싸웁니다(갈 5:17). 이때 세상을 좇으려는 마음이 강하면 주일을 어길 가능성이 크고, 성령의 소욕을 좇고자 하는 마음이 더 강하면 주일을 지킬 수 있습니다.

이런 싸움이 가장 치열할 때가 바로 두 마음이 50대 50일 때입니다. 진리의 마음이든 비진리의 마음이든 한쪽 힘이 월등하면 센 쪽으로 기울 텐데 양쪽이 팽팽하기 때문에 신앙생활이 힘들게 느껴집니다.

로마서 7장 22~24절에 보면 "내 속 사람으로는 하나님의 법을 즐거워하되 내 지체 속에서 한 다른 법이 내 마음의 법과 싸워 내 지체 속에 있는 죄의 법 아래로 나를 사로잡아 오는 것을 보는도다 오호라 나는 곤고한 사람이로다 이 사망의 몸에서 누가 나를 건져내랴" 말씀했습니다.

선을 행하기 원하는 진리의 마음과 하나님의 말씀을 거슬러 불의, 불법을 행하기 원하는 비진리의 마음이 싸우므로 곤고하고 힘들다는 뜻입니다.

육체의 소욕을
이길 수 있는
비결은 무엇일까요?

이때 빨리 이길 수 있는 방법은 쉬지 말고 기도하며 말씀대로 살기 위해 노력하는 것입니다. 그래서 진리를 행하는 만큼 비진리를 좇으려는 마음은 점점 약해지고, 하나님의 말씀을 지키는 것이 수월해지면서 신앙생활이 즐겁습니다. 이렇게 믿음이 성장하여 마침내 말씀대로 행할 수 있으면 믿음의 3단계로 들어갑니다. 믿음의 1, 2단계가 '젖 먹는 신자'라면 믿음의 3단계는 하나님 말씀대로 행할 수 있는 '밥 먹는 신자'라 할 수 있습니다.

3. 믿음의 2단계에 속한 성도가 들어가는 천국 처소

하나님께서는 조금이라도 하나님 말씀대로 살려고 노력한 것을 믿음으로 여겨 개인 취향과 기호에 맞춘 천국 집과 면류관을 주십니다. 믿음의 2단계에 속한 성도들의 천국 처소는 1천층이며 개인 소유의 집은 이 땅의 다세대 주택이나 아파트와 같은 형태입니다. 내부에 아름답게 장식된 엘리베이터가 있는데 그냥 올라타기만 하면 원하는 곳에 세워 줍니다.

집 안에는 모든 것이 잘 갖추어졌으므로 생활하는 데 조금도 불편함이 없습니다. 음악을 좋아하는 사람에게는 악기가 있어서 연주할 수 있고, 책을 좋아하는 사람에게는 책을 읽으며 편히 쉴 수 있는 공간이 마련되어 있습니다.

또한 예쁜 정원이 많고 울창한 숲이 우거진 드넓은 공원과 각종 편의시설이 잘 갖추어져 있습니다. 각종 놀이기구를 갖춘 놀이공원과 수영장, 골프장 등 많은 스포츠 시설도 있습니다. 그런데 이러한 시설들은 공동으로 이용합니다. 마치 이 땅에서 아파트 내 조성된 공원이나 스포츠 시설 등을 공동으로 이용하는 것과 같습니다.

낙원에서는 천사들이 모든 시설을 관리만 할 뿐 도와주지는 않지만, 1천층에서는 천사의 도움을 받을 수 있으므로 차원이 다른 즐거움을 누릴 수 있습니다.

비록 개인에게 속하여 시중 드는 천사는 없지만 필요한 장소마다 천사들이 있어서 여러 도움을 주니 행복한 것입니다.

고린도전서 9장 25절에 "이기기를 다투는

믿음의 2단계 성도들에게 주시는 천국 처소와 면류관은 무엇일까요?

자마다 모든 일에 절제하나니 저희는 썩을 면류관을 얻고자 하되 우리는 썩지 아니할 것을 얻고자 하노라" 했습니다.

비록 비진리가 많이 남아 있지만 말씀대로 살려고 노력한 것을 인정하시고, 썩지 아니할 영원한 것을 바라보며 믿음의 경주에 참여한 대가로 하나님께서는 믿음의 2단계에 속한 성도들에게 '썩지 아니할 면류관'을 상급으로 주십니다.

천국은 영이신 하나님이 계신 곳이므로 황홀하고 아름다우며 늘 행복과 기쁨이 넘쳐납니다. 하나님께서는 사랑하는 자녀들이 가장 아름다운 천국 새 예루살렘 성에 들어오기를 고대하고 계십니다. 그러니 열심히 믿음의 행군을 하여 더욱 큰 믿음을 소유하시기 바랍니다.

Plus

'육체'와 '육체의 일'이란?

'육체'란 영적으로 우리 마음에 있는 비진리의 속성이 행함으로 드러난 것을 총칭한다. 미움, 시기, 간음, 교만 등 잠재된 비진리가 폭력, 욕설, 살인 등 구체적인 행위로 나타난 것이다.

이러한 죄를 하나하나 분류해 놓은 것을 '육체의 일'이라 한다.

Chapter 20

말씀대로 행할 수 있는
믿음의 3단계

말씀대로 행할 수 있는 믿음의 3단계 특징과
이 믿음에 이른 사람들이
들어가는 천국 처소에 대해 알아본다.

읽을 말씀: 마태복음 7:24~25
그러므로 누구든지 나의 이 말을 듣고 행하는 자는
그 집을 반석 위에 지은 지혜로운 사람 같으리니 …

외울 말씀: 마태복음 7:25
비가 내리고 창수가 나고 바람이 불어 그 집에 부딪히되
무너지지 아니하나니 이는 주초를 반석 위에 놓은 연고요

참고 말씀: 요한일서 2:14
아이들아 내가 너희에게 쓴 것은 너희가 아버지를 알았음이요
아비들아 내가 너희에게 쓴 것은 너희가 태초부터 계신 이를
알았음이요 청년들아 내가 너희에게 쓴 것은 너희가 강하고
하나님의 말씀이 너희 속에 거하시고 너희가 흉악한 자를
이기었음이라

하나님의 말씀을 아무리 많이 안다고 해도 지켜 행
하지 않으면 믿음이 성장할 수 없습니다. 어찌하든 지켜 행하려고 노력
할 때 하나님께서 위로부터 은혜와 능력을 주시고, 성령이 도와주심으로
행할 수 있고 믿음이 점점 자라나지요.

믿음의 2단계에서는 아이들처럼 하나님 말씀대로 행하려고 노력하
지만 때로는 행하기도 하고 그렇지 못할 때도 있습니다. 하지만 어찌하
든 기도하며 육체의 일을 버려 나가면 마침내 청년들처럼 하나님 말씀대
로 능히 행할 수 있는 믿음의 3단계에 이르게 됩니다.

1. 말씀대로 행할 수 있는 믿음의 3단계

믿음의 2단계에서는 행함으로 짓는 죄 곧 육체의 일을 범할 때도
있지만, 3단계에 이르면 더 이상 육체의 일은 나오지 않습니다. 믿음

의 3단계부터는 변화된 모습으로 세상에 빛과 소금의 역할을 합니다.

가령, 애매하게 욕을 먹고 책망을 들어도 묵묵히 참으며 어려운 일을 당해도 기뻐하려고 애씁니다. 내 생각과 이론에 맞지 않아도 상대 입장에 서서 이해하고 섬기려 노력하지요. 그러니 믿음의 3단계에 있는 사람은 세상 사람에게 "저 사람은 하나님을 믿으니 뭔가 다르다."는 말을 듣습니다.

믿음의 2단계와 3단계의 행함은 어떻게 다를까요?

하나님의 말씀을 의무감 속에 억지로 지키는 믿음의 2단계와 달리 믿음의 3단계에서는 하나님의 뜻을 깨달아 마음에서부터 우러나오는 행함이 나옵니다. 예를 들어, 온전한 주일 성수와 십일조를 드리면 축복받고 지킴 받는다는 것을 깨달았기에 그대로 행합니다. 그런데 겉으로 보기에 말씀대로 행한다 해서 무조건 믿음의 3단계라 할 수는 없습니다.

만일 가족의 눈치 때문에 어쩔 수 없이 주일 성수를 하고 십일조를 한다거나, 예배 시간 내내 졸고 '얼른 집에 가서 축구 경기를 봐야겠다.' 하며 잡념 가운데 예배를 드린다면 믿음의 3단계라 할 수 없습니다. 심고 행한 것에 본인이 생각한 만큼 빨리 축복이 오지 않으면 후회하거나 불평 불만을 쏟아내는 경우도 마찬가지입니다.

믿음의 분량이란 한두 가지의 외적인 행함이 아니라 마음에 얼마나 하나님의 뜻을 깨닫고 믿는지를 통해 분별할 수 있습니다. 믿음의 3단계에서는 마음의 죄성 즉 육신의 일을 버리기 위한 선한 싸움이 시작됩니다. 육체의 일을 행하지 않을 뿐 아니라 육신의 일을 버려 나가게 됩니다. 죄성이 있으면 하나님의 뜻대로 온전히 순종할 수가 없기 때문에 뿌리를 완전히 뽑을 때까지 계속 믿음의 선한 싸움을 해야 합니다.

2. 믿음의 3단계 초입과 믿음의 반석

믿음의 3단계 내에서도 저마다 그 분량이 다릅니다. 믿음의 3단계를 1%에서 100%로 나눌 때 100%에 가까울수록 믿음의 4단계에 가깝습니다.

믿음의 3단계에 들어서서 말씀대로 행한다 해도 처음에는 마음에 갈등을 겪습니다. 즉 육신의 생각과 영의 생각이 싸우지요. 하나님의 뜻을 깨달아 순종은 하지만 마음에 죄성들이 남아 있기 때문입니다.

그래서 진리대로 행하기는 하되 선을 좇으려는 영의 생각과 악을 좇으려는 육신의 생각이 싸우는 것입니다.

믿음의 3단계에서 마음의 갈등을 겪는 이유는 무엇일까요?

믿음의 2단계에서는 고난을 당할 때 기뻐하고 감사하려고 노력은 하지만 결국 이기지 못해 불평 불만을 쏟아버립니다. 그러나 믿음의 3단계에서는 고난 중에도 감사하고 기뻐할 수 있습니다. 그렇다고 이 단계에서 100% 온전한 기쁨과 감사가 나오는 것은 아닙니다.

믿음의 3단계 초입이라면 어려운 일을 만나는 순간 "너무 힘들다." 하는 육신의 생각이 동원되어 낙심될 수 있습니다. 그렇지만 곧 성령의 음성을 들음으로 '아니야, 기뻐하고 감사해야지. 하나님은 살아 계신데 내가 왜 낙심하는가.' 하고 마음을 진리로 다집니다.

믿음의 3단계 초입과
믿음의 반석은
어떻게 다룰까요?

그러다가 믿음의 3단계 60% 이상에 이르면 마음에서 죄성이 많이 버려진 상태이므로 하나님 말씀대로 행하는 데 별 어려움이 없습니다. 육신의 생각이 많이 작용하지 않기 때문인데 그만큼 죄성을 버리고 믿음의 4단계에 가까이 온 증거이지요.

이때는 갑자기 어려운 일을 만난다 해도 낙심하거나 불평하는 생각보다는 하나님을 의지하여 기뻐하고 감사하려는 생각이 먼저 떠오릅니다. 혹 순간적으로 '힘들다'는 생각이 스쳐도 이내 감사와 기쁨으로 바꿀 수 있습니다.

마태복음 7장 24~25절에 "누구든지 나의 이 말을 듣고 행하는 자는 그 집을 반석 위에 지은 지혜로운 사람 같으리니 비가 내리고 창수가 나고 바람이 불어 그 집에 부딪히되 무너지지 아니하나니 이는 주초를 반석 위에 놓은 연고요" 했습니다.

반석은 곧 그리스도(고전 10:4)를 의미합니다. 시험 환난에 믿음이 요동하지 않고 말씀대로 행하면, 반석이신 예수 그리스도 위에 든든히 섰다 할 수 있습니다. 믿음의 3단계 60% 이상이 되면 '믿음의 반석'에 들어선 것입니다.

믿음의 반석에 서면 어떤 상대에 대해 순간 불편한 생각이 든다 해도 즉시 영의 생각, 진리의 생각으로 바꿀 수 있고, 평안한 마음으로 상대를 섬깁니다. 그러니 신앙생활이 힘들지 않고 하루하루가 기쁘고 행복합니다. 믿음의 3단계 70~80%가 되면 믿음의 반석에 온전히 선 것이며, 이때는 말씀대로 행하는 것이 마치 몸에 배인 습관처럼 저절로 나옵니다.

이렇게 믿음의 3단계에 들어서서 육신의 일을 하나하나 버려 나가 4단계에 가까워질수록 하나님과 더 밝히 교통하며 하나님의 사랑을 더 진하게 느낍니다. 이때는 아무리 나를 힘들게 하는 사람이 있어도 그를 사랑하지는 못할망정 미워하지는 않습니다.

믿음의 반석을 지나 영에 가까울수록 어떠한 행함이 나올까요?

급히 돈이 필요할 때 길에서 돈지갑을 줍는다 해도 "내가 쓸까, 주인을 찾아 줄까." 갈등하지 않고 바로 주인을 찾아 줍니다.

여기서 더 나아가 어떤 상황에서도 전혀 육신의 생각이 동원되지 않고 즉시 선을 좇으며 온전히 기뻐하고 감사한다면 마침내 영의 믿음 곧 믿음의 4단계에 이릅니다.

3. 믿음의 3단계에 속한 성도가 들어가는 천국 처소

믿음의 3단계에 속한 성도가 들어가는 천국의 처소는 2천층입니다. 다세대 주택 형태의 집이 주어지는 1천층과는 달리 독립된 주택이 주어집니다.

2천층의 집은 단층이지만 이 땅의 어떤 호화로운 저택이나 별장과도 비할 수 없을 만큼 웅장하고 아름다우며 향기로운 꽃과 나무들로 잘 단장되어 있습니다. 그리고 가장 원하는 부속시설 한 가지를 자신의 소유로 받습니다.

만일 아름다운 호수가 갖고 싶다면 호수를, 수영장을 갖고 싶으면 수영장을 가질 수 있지요. 자신에게 없는 부속시설은 다른 사람의 집에 가서 사용해도 서로 행복해합니다.

또한 각 사람의 집에는 문패가 있고 거기에는 천국 글씨로 주인의 이름과 이 땅에서 섬기던 교회의 이름이 함께 새겨져 있습니다. 하나님의 사랑받는 교회에서 신앙생활을 했다면 그만큼 영광과 자랑이 더합니다.

> 믿음의 3단계 성도들에게 주시는 천국 처소와 면류관은 무엇일까요?

그러면 믿음의 3단계에 속한 성도들에게는 어떤 면류관을 주실까요? 이들은 하나님 말씀대로 행하며 사명을 감당하여 하나님께 영광을 돌렸기 때문에 영광의 면류관이 주어집니다(벧전 5:4).

가령, 전에는 작은 일에도 혈기를 냈는데 "교회 다니더니 착하게 변했다."고 가족이나 주변으로부터 칭찬이 자자합니다. 이처럼 언행이 진리로 바뀌면 사람들에게 그 자체가 빛으로 비춰져 하나님께 영광이 됩니다(마 5:16).

2천층에 들어가는 사람들은 자신이 행한 것과 비할 수 없는 영광의 면류관을 상급으로 주신 하나님께 감사가 넘쳐납니다. 하지만 '마음의 죄성까지 버려서 온전히 성결되었더라면 얼마나 좋았을까!'라는 안타깝고 아쉬운 마음이 듭니다.

그러므로 하나님 말씀대로 죄를 피 흘리기까지 싸워 버리고 악은 모든 모양이라도 버려서 성결을 이루고 자신에게 주어진 사명을 온전히 감당함으로 더 좋은 천국 처소를 침노해야 하겠습니다.

Plus

'육신의 일'이란?

미움, 시기, 교만, 판단, 간음 등 아직 행하지는 않았으나 언젠가는 행함으로 유발될 수 있는 비진리의 속성들을 말한다. 즉 눈에 보이지는 않지만 마음속에 내재되어 있는 죄성들을 하나하나 분류해 놓은 것이다.

Chapter 21

하나님을 지극히 사랑하는
믿음의 4단계

하나님을 지극히 사랑하여 성결된
믿음의 4단계의 특징과 천국 처소에 대해 알아본다.

읽을 말씀: 요한복음 14:21
나의 계명을 가지고 지키는 자라야 나를 사랑하는 자니
나를 사랑하는 자는 내 아버지께 사랑을 받을 것이요
나도 그를 사랑하여 그에게 나를 나타내리라

외울 말씀: 요한복음 14:21
나의 계명을 가지고 지키는 자라야 나를 사랑하는 자니
나를 사랑하는 자는 내 아버지께 사랑을 받을 것이요
나도 그를 사랑하여 그에게 나를 나타내리라

참고 말씀: 요한복음 14:15
너희가 나를 사랑하면 나의 계명을 지키리라

예수님께서는 요한복음 14장 21절에 "나의 계명을 가지고 지키는 자라야 나를 사랑하는 자니 나를 사랑하는 자는 내 아버지께 사랑을 받을 것이요 나도 그를 사랑하여 그에게 나를 나타내리라" 말씀했습니다.

청년들의 믿음이라 할 수 있는 믿음의 3단계에서도 계명을 시키기 때문에 하나님을 사랑한다고 할 수 있지만, 마음의 죄성까지 다 버린 것은 아니기에 "주님 사랑해요."라고 고백하는 것이 조금은 민망합니다.

그러나 아비들의 믿음이라 할 수 있는 믿음의 4단계에 이르게 되면 마음의 죄성을 다 버리고 계명들을 온전히 지키기 때문에 "주님 사랑해요!"라고 담대히 고백할 수 있습니다.

이런 사람에게는 하나님의 사랑받는 증거가 항상 나타납니다. 이 땅에서 영혼이 잘된 만큼 범사에 잘되고 강건한 축복을 받으며 천국에서도 하나님의 참 자녀로서 많은 영광과 권세를 누리게 됩니다.

1. 하나님을 지극히 사랑하는 믿음의 4단계

믿음의 4단계와
1, 2, 3단계는
어떤 차이가 있을까요?
하나님 말씀대로 행할 수 있는 믿음의 3단계를 지나 하나님을 지극히 사랑하는 믿음의 4단계에 들어가면 마음의 죄성까지도 벗어 버렸으므로 온전히 진리 안에 거합니다. 즉 하나님이 인정하시는 영의 사람으로 하나님의 참 자녀라 할 수 있습니다.

그러면 믿음의 4단계와 믿음의 1, 2, 3단계는 어떤 차이가 있을까요? 데살로니가전서 5장 16~18절에 나오는 "항상 기뻐하라 쉬지 말고 기도하라 범사에 감사하라"는 말씀을 통해 살펴보겠습니다.

만일 누군가 아무 잘못도 없는 여러분을 모함했다면 어떤 심정이 들겠습니까? 믿음의 1단계나 2단계 초입에서는 당사자를 찾아가 시시비비를 따지고 변론하며 언성이 높아져 다투기도 합니다. 그러나 믿음의 2단계 중반만 되어도 악을 버리기 위해 노력하기 때문에 크게 혈기 내거나 악을 발하는 것은 웬만큼 절제합니다.

믿음의 3단계에 들어가 믿음의 반석에 서기 전까지는 감정이 요동하기도 합니다. 진리를 알기 때문에 '감사하자, 기뻐하자.' 하며 참지만 마음 중심에서 감사가 나오지는 않습니다. 그러나 믿음의 반석에 서면 불평하기보다는 더 기뻐하고 감사하려는 생각이 먼저 떠오르며 혹여 순간적으로 "힘들다"는 생각이 스쳐도 이내 바꿉니다.

더 나아가 믿음의 4단계에 이르면 전혀 요동함이 없습니다. 하나님 앞에 범죄하지 않고 거리낌이 없기 때문에 감사와 기쁨이 사라지지 않지요. 원수라도 축복하고 상대가 범죄하지 않도록 긍휼히 여기며 기도해 줍니다.

이처럼 똑같은 상황이라 해도 믿음의 분량에 따라 반응이 다르고 하나님 앞에 상달되는 마음의 향에 차이가 납니다.

2. 믿음의 4단계 특징

첫째로, 하나님을 조건 없이 사랑합니다.

믿음의 4단계는 하나님을 사랑하기 위해 애쓰는 것이 아니라 마음 중심에서 하나님을 지극히 사랑합니다.

"하나님 이것을 해 주시면 제가 그것을 하겠습니다."라고 조건을 달거나, 어떤 대가를 바라지 않고 무조건 사랑합니다.

하나님의 말씀을 응답과 축복받기 위해서나 재앙을 당할까 두려워서 지키는 것도 아닙니다. 우리를 먼저 사랑하신 하나님의 사랑이 가슴에 사무치기 때문에 하나님을 사랑하고 계명을 지키는 것을 당연하게 여깁니다.

다니엘의 세 친구는 우상에 절하지 않으면 풀무 불에 던지겠다고 왕

> 하나님을 조건 없이
> 사랑한다는 뜻은
> 무엇일까요?

이 위협하는데도 "만일 그럴 것이면 왕이여 우리가 섬기는 우리 하나님이 우리를 극렬히 타는 풀무 가운데서 능히 건져내시겠고 왕의 손에서도 건져내시리이다 그리 아니하실지라도 왕이여 우리가 왕의 신들을 섬기지도 아니하고 왕의 세우신 금 신상에게 절하지도 아니할 줄을 아옵소서"라고 단호하게 말합니다(단 3:17~18).

불 가운데서도 건지시는 하나님의 능력을 굳게 신뢰했고, 그리 아니하실지라도 상관없이 곧 사나 죽으나 하나님의 뜻을 행할 따름이었습니다. 이처럼 믿음의 4단계는 하나님을 조건 없이 사랑합니다.

둘째로, 하나님을 제일로 사랑합니다.

하나님을
제일로 사랑하면
어떠한 삶을 살까요?

하나님을 제일로 사랑하면 세상 부귀영화는 물론 가족이나 자신의 생명보다도 하나님을 더 사랑합니다.

사도 바울은 무엇이든지 자신에게 유익하던 것을 그리스도를 위하여 다 해로 여기며 주를 위해 모든 것을 잃어버리고 배설물로 여겼습니다(빌 3:7~8).

예수님께서는 "나와 및 복음을 위하여 집이나 형제나 자매나 어미나 아비나 자식이나 전토를 버린 자는 금세에 있어 집과 형제와 자매와 모친과 자식과 전토를 백 배나 받되 핍박을 겸하여 받고 내세에 영생을 받지 못할 자가 없느니라" 말씀하셨습니다(막 10:29~30).

이처럼 하나님 말씀대로 행하면 처음에는 핍박이 올 수 있고 믿음이

적을 때는 그로 인해 힘이 들 수도 있습니다. 그러나 끝까지 거룩하게 구별된 성도의 삶을 살아가면 세상 사람에게도 인정을 받습니다. 나아가 영으로 들어가서 하나님을 제일로 사랑하는 믿음이 되면 핍박이 물러가고, 주변으로부터도 진실한 그리스도인이라고 인정을 받습니다.

셋째로, 영혼이 잘됨같이 범사에 잘되고 강건합니다.

요한삼서 2절에 "사랑하는 자여 네 영혼이 잘됨같이 네가 범사에 잘되고 강건하기를 내가 간구하노라" 했습니다. 영혼이 잘된다는 것은 죽었던 영이 살아나서 영과 혼과 육의 질서가 바로 잡히는 것을 말합니다. 다시 말해 영이 사람의 주인이 되어 혼과 육이 순종하니 오직 진리대로만 살아가는 것입니다.

우리가 주님을 영접하여 성령을 받으면 죽었던 영이 살아납니다. 이후 말씀대로 행하여 믿음이 자라는 만큼 영이 성장하여 혼과 육을 지배하고 다스리는 주인 역할을 하지요.

그래서 영혼이 잘된 사람은 사단이 아무리 비진리의 생각을 주입시키려고 해도 받아들이지 않습니다. 마음 안에 악이 없기 때문입니다. 주파수가 맞지 않으면 방송을 들을 수 없는 것처럼 사단이 그의 마음을 주관할 수 없는 것입니다.

이렇게 영혼이 잘된 사람은 하나님께서 항상 모든 일을 앞서 해결해 주시기 때문에 만

영혼이 잘된 사람에게 임하는 축복은 무엇일까요?

사가 형통합니다. 바로 가정, 일터, 사업터 등 범사가 잘되고 강건한 축복을 받습니다.

3. 믿음의 4단계에 속한 성도가 들어가는 천국의 처소

믿음의 3단계에 속한 성도가 들어가는 2천층과 믿음의 4단계에 속한 성도가 들어가는 3천층에서의 삶은 그 행복과 영광이 천양지차입니다. 믿음의 4단계 성도는 악은 모양이라도 다 버리고 성결되었기 때문입니다. 성도들이 성결된 정도에 따라 천국에서의 영광이 차이가 나는데 천사가 수종 드는 것만 보아도 알 수 있습니다.

낙원이나 1, 2천층에는 천사들이 천국을 관리하고 때를 좇아 하나님의 자녀들을 돕는 일을 하지만 개인적으로 수종 들지는 않습니다. 그러나 성결을 이루어 믿음의 4단계에 들어간 성도들에게 주어지는 3천층부터는 개인적으로 수종 드는 천사가 있습니다.

얼마나 하나님께 영광 돌리고 기쁘시게 했는지에 따라 따르는 천사의 수도 달라집니다.

믿음의 4단계 성도들에게 주시는 천국 처소와 면류관은 무엇인가요?

3천층에서는 수종 드는 천사가 주인의 마음을 읽고 순종합니다. 주인이 과일을 먹고 싶어 하면 그 마음을 읽고 과일을 따다 주지요. 하지만 2천층에서는 천사에게 과일을 가져오라고 명해야 움직입니다. 2천층 이하에 들어간 사람과 3천층 이상에 들어간 성도는 겉모습만 보아도 큰 차이가 납니다. 각 사람의 영광의 빛이 다르고 옷과 옷의 문양, 장식, 머리 모양 등이 달라서 얼마나 성결되고 하나님의 사랑을 받는지 금방 구별할 수 있습니다.

천국집을 보면 2천층은 모두 단층인 반면 3천층부터는 복층 건물입니다. 수영장이나 산책길, 호수, 부속시설 등 자신이 원하는 모든 것을 3천층에서는 소유할 수 있습니다. 그리고 2천층의 집에는 문패가 있는 반면 3천층에는 문패가 필요없습니다. 집 자체에서 주인의 향이 흘러나와 누가 주인인지 알 수 있기 때문입니다.

하나님께서는 성결을 이루고 죽도록 충성함으로 3천층에 들어온 영혼들에게 생명의 면류관을 상급으로 주십니다(약 1:12 ; 계 2:10). 자신의 믿음이 얼마나 성장하고 있는지 점검하여 믿음의 4단계를 지나 가장 아름다운 천국 새 예루살렘 성을 침노하시기 바랍니다.

Plus

'죽도록 충성'이란?

단순히 육의 목숨을 다하기까지 열심히 일하고 충성한다는 뜻이 아니라, 성경 66권에 담긴 하나님의 말씀을 생명 다해 이루어 드린다는 뜻이다. 즉 죄를 피 흘리기까지 싸워 버리며 하나님의 계명들을 지켜 나가는 충성을 말한다.

Chapter 22

하나님을 기쁘시게 하는
믿음의 5단계

하나님을 기쁘시게 하는 믿음의 5단계의 특징과
천국 처소에 대해 알아본다.

읽을 말씀: 요한일서 3:21~22

사랑하는 자들아 만일 우리 마음이 우리를 책망할 것이 없으면
하나님 앞에서 담대함을 얻고
무엇이든지 구하는 바를 그에게 받나니 이는 우리가
그의 계명들을 지키고 그 앞에서 기뻐하시는 것을 행함이라

외울 말씀: 요한일서 3:21

사랑하는 자들아 만일 우리 마음이 우리를 책망할 것이 없으면
하나님 앞에서 담대함을 얻고

참고 말씀: 마가복음 16:17~18

믿는 자들에게는 이런 표적이 따르리니 곧 저희가 내 이름으로
귀신을 쫓아내며 새 방언을 말하며 뱀을 집으며 …

하나님을 지극히 사랑하는 믿음의 4단계에서 차원
이 더 깊어지면 하나님을 기쁘시게 하는 믿음의 5단계에 이르게 됩니다.
이는 하나님을 지극히 사랑하여 계명에 순종하는 차원을 넘어 하나님의
마음과 뜻을 헤아려 순복함으로 하나님을 기쁘시게 하는 믿음입니다. 그
래서 믿음의 5단계를 '하나님을 기쁘시게 하는 믿음'이라고 합니다.

1. 하나님을 기쁘시게 하는 믿음의 5단계

자녀들이 부모를 사랑한다고 하지만 그 말씀에 100% 순종하는 경우
는 그리 많지 않습니다. 어떤 자녀는 아예 반항하거나 빗나가고, 어떤
자녀는 하라고 하니까 억지로 합니다. 그런가 하면 마음에서 우러나는
순종은 아니지만 자녀의 도리를 좇아 복종하는 자녀도 있습니다.

진정 부모를 사랑하는 자녀는 그 말씀에 순종함으로 부모의 마음을

아프게 하지 않고 편하게 해 드립니다. 부모에 대한 사랑이 이보다 더 승하면, 부모의 마음을 헤아려서 그 마음에 꼭 맞게 순종합니다. 그러니 얼마나 부모의 마음이 기쁘겠습니까?

마찬가지로 하나님께서도 "하라, 하지 말라, 지키라, 버리라." 하신 대로 온전히 순종하는 자녀가 지극히 사랑스럽습니다. 더구나 하나님의 깊은 마음과 뜻까지 헤아려 행한다면 더할 나위 없이 기쁠 것입니다.

믿음의 5단계는 어떠한 순종이 따를까요?

믿음의 5단계는 이처럼 하나님이 명하신 대로 순종할 뿐 아니라 '왜 그것을 명하시는지' 하나님의 마음과 뜻을 헤아려서 명하신 것보다 넘치도록 순종합니다.

어느 한순간만 넘치는 행함을 보이거나 가끔 진한 사랑을 전해드리는 것이 아니라, 하루 24시간 내내 하나님을 기쁘시게 하려는 마음입니다. 그런 모습이 10년이 가도, 100년이 가도 변함이 없으며 오히려 승해질 뿐입니다.

이렇게 믿음의 5단계에 이르러 온 영이 되면 하나님께 무엇을 구하든 즉시 응답받고, 마음에 품은 것까지도 응답을 받습니다. 범사에 명철의 길이 보이고, 어떤 질병 균이나 약한 것이 틈타지 않습니다.

다른 사람의 질병이나 약함도 고치며 귀신도 쫓아냅니다. 영적인 권세가 있기 때문에 어둠의 세력이 해를 입히지 못합니다. 원수 마귀가 송사할 만한 죄악이 없으니 시험 환난을 가져다줄 수도 없지요.

2. 믿음의 5단계 특징

첫째로, 생명을 버리기까지 온전히 순종하는 믿음입니다.

믿음의 5단계는 하나님을 지극히 사랑하여 말씀에 온전히 순종하는 단계를 지나 하나님의 깊은 마음과 뜻을 헤아려 그에 맞게 행하는 차원입니다. 불가능한 일을 명해도 하나님 뜻이라면 오직 예와 아멘뿐이며 생명을 바쳐서 순종합니다. 믿음의 4단계에서도 하나님을 위해 생명을 드릴 수 있지만, 하나님의 뜻을 헤아려 순종하는 믿음의 5단계와는 차이가 납니다.

가령, 어머니가 출근하면서 자녀들에게 "내가 돌아올 때까지 청소를 해 놓아라." 했습니다. 이때 어떤 자녀는 억지로 청소를 하는 반면 착한 자녀는 어머니를 사랑하여 기쁜 마음으로 구석구석 정성껏 청소를 합니다. 이보다 더 선한 자녀는 "어머니가 일하고 오시면 피곤할 텐데 뭐 더 할 것이 없나?" 하고 살핍니다. 즉 청소뿐 아니라, 시키지 않은 일까지 찾아서 해 놓습니다.

이런 자녀를 둔 부모는 사랑스러운 정도를 지나서 너무나 대견하고 기쁠 것입니다. 하나님과의 관계도 마찬가지입니다. 믿음의 4단계에서는 죄악이 없고 하나님을 지극히 사랑하기 때문에 무조건 순종하지만 하나님의 깊은 마음까지 헤아려 순종하기에는 부족합니다.

믿음의 5단계와 4단계의 순종은 어떻게 다를까요?

그러나 믿음의 5단계는 명한 대로 순종할 뿐 아니라 왜 이 말씀을 하셨는지 하나님의 마음과 뜻을 헤아려 더 넘치게 하기 때문에 아버지 하나님의 기쁨이 되는 것입니다.

둘째로, 무수한 기도를 쌓아 기사와 표적을 행합니다.

진리가 마음속에 가득하고 온전한 믿음을 소유하면 하나님의 기뻐하시는 뜻을 좇아 살아가고자 무수한 기도를 쌓게 됩니다. 또한 수많은 영혼을 하나님의 품으로 인도할 수 있는 권능을 받기 위해 기도하지요. 뜨거운 사랑의 마음을 가지고 불같은 기도를 쌓을 때 기사와 표적이 나타납니다.

예수님께서는 "너희는 표적과 기사를 보지 못하면 도무지 믿지 아니하리라"(요 4:48) 말씀하셨습니다. 그리고 공생애 기간 동안 놀라운 표적과 기사를 통해 살아 계신 하나님을 증거하며 무수한 영혼을 구원하셨습니다. 우리도 믿음의 5단계에서 불같이 기도하여 권능을 받으면 기사와 표적을 행할 수 있습니다.

믿음의 5단계에서는 어떠한 표적이 따를까요?

마가복음 16장 17~18절에 "믿는 자들에게는 이런 표적이 따르리니 곧 저희가 내 이름으로 귀신을 쫓아내며 새 방언을 말하며 뱀을 집으며 무슨 독을 마실지라도 해를 받지 아니하며 병든 사람에게 손을 얹은즉 나으리라" 말씀하신 대로 표적이 나타납니다. 이러한 증거들을 보여 줄 때 사람들의 생각이 깨지고 마음 문이 열리며 구원받는 역사가 나타나는 것입니다.

셋째로, 온 집에 충성합니다.

민수기 12장 3절에 "이 사람 모세는 온유함이 지면의 모든 사람보다 승하더라" 했고, 7절에는 "내 종 모세와는 그렇지 아니하니 그는 나의 온 집에 충성됨이라" 말씀했습니다.

출애굽의 지도자 모세는 온유함이 지면의 모든 사람보다 승하였고 온 집에 충성함으로 하나님을 기쁘시게 하는 믿음의 5단계에 있었습니다. 온 집에 충성하는 것은 '자신의 모든 사명을 온전히 감당하되 모든 분야에서 주어지는 대가 이상으로 넉넉히 감당해 내는 것'을 말합니다.

> 온 집에 충성은 어떠한 충성을 말할까요?

우리가 신앙생활을 하다 보면 여러 사명을 맡게 됩니다. 사명 중에는 중요해 보이고 사람들에게 인정받는 사명도 있지만, 겉으로 드러나지 않는 사명도 있습니다. 그런데 자신이 맡은 모든 분야에 마음 다해 감당하는 것이 바로 온 집에 충성입니다.

믿음의 5단계, 즉 온 영으로 들어간 사람은 크든 작든 하나님께서 주신 모든 사명을 소중히 여기기 때문에 최선을 다합니다. 아무리 많은 사명을 갖고 있어도 소홀함 없이 모든 분야에서 충성하며 열매를 냅니다. 이는 온전하신 예수 그리스도의 마음을 가졌기 때문입니다.

3. 가장 영광스러운 새 예루살렘 성

거룩한 성, 영광의 성이라 불리는 새 예루살렘 성은 하나님 보좌가 있고 신부가 남편을 위하여 단장한 것처럼 참으로 아름다운 곳입니다 (계 21:2). 새 예루살렘 성곽은 벽옥으로 쌓였고, 기초석은 각색 보석으로 꾸며져 있습니다. 동서남북 사면에는 각각 세 개씩 총 열두 개의 진주문이 있고, 문마다 한 천사가 지키고 있지요.

새 예루살렘 성의 집은 복층이며 정금과 보석으로 화려하기 그지없습니다. 3천층 집도 정금 보석으로 되어 있지만 새 예루살렘과는 차이가 납니다. 새 예루살렘 성에는 매우 다양한 종류의 보석들이 있으며 각보석에서 이중, 삼중 빛을 발산합니다.

집주인이 온 영으로 깊이 들어간 정도와 충성한 공로에 따라, 행적과 취향에 따라 특색 있고 다채롭습니다. 집을 두르고 있는 영광의 빛과 장식된 보석만 보아도 집주인이 얼마나 하나님을 기쁘시게 했는지 알수 있습니다.

믿음의 5단계
성도들에게 주시는
천국 처소와 면류관은
무엇인가요?

믿음의 5단계에 속한 성도가 들어가는 가장 아름다운 천국이 바로 새 예루살렘 성입니다. 이곳에서는 연못, 정원, 동물원, 골프장, 무도회장 등 자신이 원하는 부대시설이 모두 개인의 소유로 주어집니다.

또한 구름 자가용도 개인 소유로 받습니다. 하나님께서는 우리가 이 땅에서 하고 싶고, 갖고 싶었지만 주님을 위해 포기한 것을 기억하여 새 예루살렘 성에서 위로와 상급으로 갚아 주십니다.

기본적으로 금 면류관과 의의 면류관이 주어지고(계 4:4 ; 딤후 4:7~8) 그 외에 많은 면류관이 주어집니다. 또한 천사들은 주인이 무엇을 하든지 그림자처럼 따르며 수종 들고 주인이 원하는 것을 알아서 섬깁니다. 수종 드는 천사의 수도 온 영으로 깊이 들어간 정도에 따라 차이가 납니다.

그러므로 마음의 성결을 이루며 온 집에 충성하여 하나님을 기쁘시게 하는 믿음을 소유하고 날마다 더 깊은 차원으로 성장해 새 예루살렘 성에서 해와 같이 빛나는 영광 가운데 거하시기 바랍니다.

Plus

'온 영'이란?

악은 모양이라도 버리고 마음 안에 온전히 진리로 채워진 상태를 말한다. 바로 하나님의 형상을 온전히 회복한 모습이다.

하나님을 기쁘시게 하는 믿음의 5단계로 모든 분야에서 온전히 충성하며, 영이 혼을 온전히 지배하고 다스리는 차원이다. 온 영을 이루어 불같이 기도하면 하나님의 권세와 능력, 곧 권능이 따른다.

나의 믿음은 어느 단계에 속할까?

부모님이 위독하여 급한 수술을 해야 하는데 돈이 없는 상태라고 합시다.
이때 돈이 많이 들어 있는 가방을 주웠다면
믿음의 1단계나 2단계에서는 그 돈을 그냥 가질 수도 있습니다.

믿음의 2단계에서는 선한 것을 좇으려는 영의 마음과
자기 욕심을 좇으려는 육의 마음이 싸웁니다.
그러다가 "이 돈이 너무 필요하다." 하면서 육신의 소욕이 이기면
양심에 가책은 있지만 자신이 써버릴 수 있습니다.

믿음의 3단계에서는 "이 돈만 있으면 문제를 해결할 수 있겠다." 하는
비진리의 생각이 잠시 틈탈 수는 있지만
결국 선한 양심을 좇아 주인을 찾아 줍니다.

그런데 믿음의 4단계는 차원이 다릅니다.
아무리 돈이 필요하다 해도 남의 것을 가지려는 마음 자체가 없으니
고민하지 않습니다.
"돈을 잃은 주인이 얼마나 걱정할까." 염려되어 한시라도 빨리
주인을 찾아 주려는 마음뿐입니다.
이런 마음이 되면 하나님 앞에서나 사람 앞에 조금도
부끄러울 것이 없고 담대할 수 있습니다.

| 이재록 목사 저서 『믿음의 분량』 중에서 |

Part 6

절기를 위한 만나

Six-day Manna

"네 하나님 여호와의 택하신 곳에서 여호와께 보이되

공수로 여호와께 보이지 말고

각 사람이 네 하나님 여호와의 주신 복을 따라

그 힘대로 물건을 드릴지니라"

신명기 16:16~17

Chapter 23

새롭게 하소서

[신년 감사 주일]

새로운 한 해를 맞아
묵은 마음밭을 개간하고 날마다 마음에 변화를 받아
하나님께 귀히 쓰임받는 일꾼이 되게 한다.

읽을 말씀: 누가복음 5:38
  새 포도주는 새 부대에 넣어야 할 것이니라

외울 말씀: 에베소서 5:9
  빛의 열매는 모든 착함과 의로움과 진실함에 있느니라

참고 말씀: 로마서 12:3
  내게 주신 은혜로 말미암아 너희 중 각 사람에게 말하노니
  마땅히 생각할 그 이상의 생각을 품지 말고 오직 하나님께서
  각 사람에게 나눠 주신 믿음의 분량대로 지혜롭게 생각하라

너희는 이 세대를 본받지 말고 오직 마음을 새롭게 함으로 변화를 받아 하나님의 선하시고 기뻐하시고 온전하신 뜻이 무엇인지 분별하도록 하라 로마서 12:2

대부분의 사람은 새해가 되면 나름대로 목표를 정하고 새롭게 마음을 결단합니다. 특히 마음의 성결을 사모하는 성도들은 "죄를 피 흘리기까지 싸워 버리고 악은 모든 모양이라도 버려 영의 사람, 온 영의 사람이 되리라." 고백하며 말씀과 기도로 거룩한 사람이 되고자 힘씁니다. 하루에 성경을 한 장 이상 읽고 성구를 외우며 기도를 쉬지 않는 것은 물론, 범사에 감사하며 항상 기뻐하기 위해 노력합니다.

이처럼 연초에 결심하고 고백한 것을 변개치 않으며 항상 새로운 마음으로 전진해 나가기 위해서는 어떻게 해야 할까요?

1. 진실해야 합니다

하나님께서는 불꽃 같은 눈동자로 우리의 모든 것을 살피시며 마음 깊은 곳까지 아시는 전지전능하신 분입니다. 그러니 피조물인 사람이 아무리 하나님을 속이려 해도 속일 수가 없지요. 그런데 사람들은 하나님을 믿는다 하면서도 속이려 합니다. 진실하지 못한 마음이 있기 때문입니다.

사도행전 5장에 나오는 초대교회 당시 하나님을 속였다가 죽음을 맞은 아나니아와 삽비라 부부가 그렇습니다. 그들은 재산을 팔아서 하나님께 드리고자 했던, 나름대로 믿음 있다는 사람들이었습니다. 그런데 욕심이 틈타자 하나님께 드리려고 했던 재산 중 일부를 감추고 사도들 앞에 내놓습니다.

아나니아와 삽비라는 왜 구원받지 못했을까요?

그때 베드로가 "네가 성령을 속이고 땅값 얼마를 감추었느냐 땅이 그대로 있을 때에는 네 땅이 아니며 판 후에도 네 임의로 할 수가 없더냐 어찌하여 이 일을 네 마음에 두었느냐 사람에게 거짓말한 것이 아니요 하나님께로다"라고 책망을 합니다.

그러자 순간 아나니아의 혼이 떠나 죽고 맙니다. 세 시간쯤 후에 그 영문을 모르고 들어온 아내 삽비라도 남편과 똑같이 하나님의 종 베드로를 속이므로 혼이 떠나 죽었습니다. 결국 이들은 구원받지 못했음을 알 수 있습니다(행 5:1~11). 여기서 우리가 깨달아야 할 것은 성령을 속이는 것은 곧 하나님을 속이는 것이며, 하나님의 보장받는 종을 속이는 것 또한 하나님을 속이는 것과 같다는 사실입니다.

초대교회 당시만이 아니라, 오늘날도 마찬가지입니다. 마음이 진실하지 못하면 하나님 앞에 거짓으로 행할 수 있습니다. 하나님을 사모하지 않으면서 사모하는 척하고, 믿음이 없으면서 있는 척 외식합니다. 그러다가 다른 사람의 눈만 속이는 것이 아니라 이제는 자기 자신까지 속이게 됩니다. 자신이 외식하고 있어도 깨닫지 못하고 충성하는 일꾼이라고 착각하는 것입니다.

이 외에도 자기 공적을 세우기 위해 하나님 나라에 무익한 일을 추진하기도 하고, 누가 지켜볼 때는 성실하고 혼자 있을 때는 불성실합니다. 이런 사람은 진실과는 거리가 멉니다. 에베소서 5장 9절에 "빛의 열매는 모든 착함과 의로움과 진실함에 있느니라" 하신 대로, 하나님을 사랑하여 충성함으로 진실한 열매를 가지고 하나님 앞에 담대하게 설 수 있어야 하겠습니다.

2. 섬김이 있어야 합니다

섬김이란 자신을 희생하며 상대를 편안하게 해 주는 것입니다. 상대를 섬기기 위해 시간과 물질과 노력을 들여 희생할 때가 많습니다. 그런데 행위적으로 희생하는 것도 중요하지만 더 중요한 것은 마음입니다. 아무리 상대에게 많은 것을 주고 희생했다고 하더라도 먼저 상대의 마음을 배려하지 못하면 빛을 발할 수가 없습니다.

상대를 섬김에 있어 가장 중요한 것은 무엇일까요?

예를 들어, 직원에게 어떤 일을 부탁했는데 열심히 일은 하지만 표정이 딱딱하게 굳어 있고 무뚝뚝하다면 어떻겠습니까? 그 사람의 눈치를 보며 다음에 일을 부탁하기가 어렵고 망설여질 것입니다. 이런 경우 아무리 일을 잘해도 "섬기며 일한다."라고 할 수 없고, "무섭다!"는 말을 듣게 됩니다. 그러므로 상대의 마음을 배려하는 섬김의 기준에서 자신의 말 한마디, 표정 하나하나까지 돌아볼 수 있어야 합니다.

작은 일이라도
하나님 앞에
상급이 되려면
어떻게 해야 할까요?

다음으로, 서로 간에 얼마나 사랑과 희생으로 섬기는지 점검해 봐야 합니다.

가령, 교회 안에는 여러 사람들이 함께 쓰는 화장실이나 복도, 계단 등의 공용 장소가 있습니다. 이때 어떤 사람은 아무리 화장실이 지저분해도 '내 업무가 아니니까.' 하고 신경을 쓰지 않습니다.

반면에 어떤 사람은 누가 시키지 않아도 마치 나의 일처럼 깨끗이 합니다. 같은 부서 안에서도 누가 아침에 일찍 와서 책상을 닦아주는지, 쓰레기통을 비우며 청소를 도와주는지 하나님께서는 다 알고 계십니다. 누가 하나님의 전을 사랑하고 섬기는 마음으로 행하는지 낱낱이 지켜보고 계시는 것입니다.

또한 자신이 원하는 업무 외에 다른 일이 주어지면 마음이 불편한 경우도 있습니다. '내 업무도 아닌데 왜 이런 일까지 해야 하나? 나는 더

급하고 중요한 일이 많은데, 이런 사소한 일들은 업무가 적은 사람이나 직분이 낮은 사람이 해 줘야 하지 않나?' 하면서 힘들어하는 것입니다. 이렇게 불편한 마음으로 일을 했다면 비록 행함으로는 섬겼을지라도 하나님 앞에서는 상급이 될 수 없습니다.

세상에서는 일의 결과만 좋으면 인정받지만, 교회에서는 믿음과 사랑으로 행할 때 상급이 됩니다. 세상에서는 보수를 받는 만큼 자기 업무만 하면 되지만, 교회에서는 보직에 해당되는 일뿐만 아니라 전반적인 하나님의 일이 모두 자신의 업무입니다. 따라서 자신에게 주어진 일만 하는 것이 아니라, 마음을 넓혀 많은 것을 품을 수 있어야 합니다.

또한 세상에서는 지위가 낮은 사람이 섬기고 높은 사람이 섬김 받지만 하나님께서는 섬기는 자가 큰 자라 하셨습니다. 그러나 누구든지 섬기되 행위적으로만이 아니라, 마음 중심으로 섬길 수 있어야 합니다. 그럴 때 하나님 앞에 큰 자라 인정받으며 사람들의 존경을 받고 영원한 천국에서도 해와 같이 빛나는 영광 가운데 거할 수 있습니다.

3. 행함이 있어야 합니다

하나님께서는 어떠한 사람을 의인이라 인정해 주실까요?

여기서 행함은 하나님 말씀을 듣고 마음에 새겨 지켜 행하는 것을 말합니다. 로마서 2장 13절에 "하나님 앞에서는 율법을 듣는 자가 의인이 아니요 오직 율법을 행하는 자라야 의롭다 하심을 얻으리니" 말씀했습니다.

처음부터 진리대로만 행하기는 쉽지 않지만 쉼없이 노력해 가야 합니다. 그럴 때 하나님께서 그 노력을 보시고 영으로 변화될 수 있는 은혜와 능력을 주십니다. 다소 부족하다 할지라도 순종하여 말씀대로 행할 때 하나님께서 다듬어 일꾼으로 쓰시는 것입니다.

일꾼으로서 점검해야 할 모습에는 무엇이 있을까요?

가령, 사람들이 처음 사명을 받았을 때는 사명 감당을 위해서 반드시 성결되리라 다짐합니다. 그런데 신앙의 연륜이 쌓이고 직분이 높아지면서 마음의 할례에 대한 간절함이 식는 경우도 있습니다. 이는 진리를 지식으로만 알고 행치 않기 때문입니다.

이런 사람은 자신의 악을 찾아 버리려고 노력하는 것이 아니라 덮어 버리거나 눌러 참기 때문에 크게 악을 행하거나 화평을 깨는 일은 없습니다. 본인이 해야 할 일은 하고, 있어야 할 곳에 있기 때문에 스스로는 잘하고 있다 생각합니다. 과연 하나님께서 착하고 충성된 일꾼이라고 인정해 주실까요?

혹여 나는 이러한 모습은 있지 않은지 항상 점검해야 합니다. 예배나 기도회에 습관적으로 참석하거나 마지못해 앉아 있지는 않은지 돌아보아야 합니다. 그 상태가 지속되면 신앙이 정체되어 성령의 충만함이 식고, 육체의 일도 하나 둘 행해 나가다 보면 자칫 구원받기 힘든 육체의 일까지 할 수 있기 때문입니다. 주님을 영접하여 첫사랑으로 충만할 때에는 하나님 나라에 열심히 충성 봉사합니다. 예배나 기도에 늦지 않기 위해 식사를 거르면서까지 사모함으로 달려옵니다. 생명의 말씀을 송이꿀처럼 달게 들으며 하나라도 깨우치고 변화되기 위해 금식하며 불같이 기도합니다. 그런데 어느 순간부터 더 이상 노력하지 않고 멈춰 있으면 영적인 발전이 없는 것입니다.

하나님께서는 사랑하는 자녀들이 행함이 없는 죽은 믿음에 머물러 있기를 원치 않으십니다. 누가복음 5장 38절에 "새 포도주는 새 부대에 넣어야 할 것이니라" 말씀하신 대로 묵은 마음을 제하여 버리고 오직 마음을 새롭게 함으로 변화되어야 합니다. 그래서 모든 사람을 진실한 마음과 행함으로 섬길 뿐 아니라, 서로 화평하며 질서를 좇아 하나님의 나라를 창대히 이루는 일꾼이 되어야 하겠습니다.

Plus

'아나니아'와 '삽비라'는 어떤 인물일까?
이들은 부부이며 초대교회 신자이다. 당시 초대교회 성도들은 자발적으로 자신의 소유를 팔아서 하나님께 드렸다. 그런데 이들은 땅을 팔아 일부는 감추고 나머지를 전부라고 속여 사도들 앞에 내놓는다. 결국 성령을 속이고 하나님을 속인 죄로 혼이 떠나 죽게 된다.

Chapter 24

부활의 영적인 의미

(부활절)

온 인류의 구세주가 되신 주님께서
사망 권세를 깨뜨리고 다시 살아나신 부활절을 맞아
부활이 갖는 영적인 의미에 대해 알아본다.

읽을 말씀: 요한복음 11:25~26
예수께서 가라사대 나는 부활이요 생명이니
나를 믿는 자는 죽어도 살겠고 무릇 살아서
나를 믿는 자는 영원히 죽지 아니하리니 이것을 네가 믿느냐

외울 말씀: 요한복음 11:25
예수께서 가라사대 나는 부활이요 생명이니
나를 믿는 자는 죽어도 살겠고

참고 말씀: 데살로니가전서 4:16~17
… 그 후에 우리 살아 남은 자도 저희와 함께 구름 속으로 끌어 올려
공중에서 주를 영접하게 하시리니 그리하여 우리가 항상
주와 함께 있으리라

주께서 호령과 천사장의 소리와 하나님의 나팔로 친히 하늘로 좇아 강림하시리니 그리스도 안에서 죽은 자들이 먼저 일어나고 데살로니가전서 4:16

부활절은 성도들이 주님의 부활을 서로 축하하며 하나님께 영광 돌리는 참으로 복된 절기입니다. 주님께서 부활하심으로 누구든지 믿음으로 영원한 생명을 얻고 천국을 소망할 수 있게 되었습니다. 따라서 부활의 축복은 하나님께서 성도들에게 주신 최고의 선물이라 할 수 있습니다. 그러면 부활의 영적인 의미는 무엇일까요?

1. 부활은 하나님만이 하실 수 있는 '권능'을 나타냅니다

오늘날 과학과 의학이 고도로 발달하면서 사람의 삶과 죽음까지도 주관할 수 있다고 여기는 경우가 있습니다. 일시적으로 사람의 호흡이 끊어졌다가 소생될 수는 있지만, 아무리 뛰어난 의술이나 최첨단 장비로도 완전히 죽은 사람을 다시 살리지는 못합니다.

그러나 예수님은 죽은 지 나흘이나 된 나사로를 살리셨습니다. 무덤을 향해 "나사로야 나오라" 하고 명하시자 죽은 자가 수족을 베로 동인 채 나왔습니다. 이미 생명 활동이 멈추고 부패되어 소생할 수 없는 세포 하나하나를 재생시키셨습니다. 이는 사람의 능력으로는 결코 불가능한 것이지만 하나님께는 얼마든지 가능한 일입니다.

주님이 공중에 강림하실 때에는 이보다 더 놀라운 부활의 역사가 일어납니다. 데살로니가전서 4장 16~17절에 "주께서 호령과 천사장의 소리와 하나님의 나팔로 친히 하늘로 좇아 강림하시리니 그리스도 안에서 죽은 자들이 먼저 일어나고 그 후에 우리 살아남은 자도 저희와 함께 구름 속으로 끌어 올려 공중에서 주를 영접하게 하시리니" 했습니다.

그리스도 안에서
죽은 자들이란
누구를 말할까요?

여기서 그리스도 안에서 죽은 자들이란 구원받은 성도들 중 수명이 다해 죽은 사람들을 말합니다. 창세 이래 구원받은 성도 중에는 수백, 수천 년 전에 죽은 사람들도 있습니다. 사람의 몸은 죽은 지 몇십 년만 지나도 형체가 남지 않을 정도로 부패합니다.

그런데 주님이 공중 강림하실 때에는 마른 뼈도 아니고, 완전히 썩어 분해된 몸이 다시 살아납니다. 몸의 형체가 복원되어 몸의 주인인 영혼과 결합되지요. 더욱 놀라운 것은 이때 다시 소생되는 몸은 공중으로 들려 올라갈 수도 있고, 7년 혼인잔치가 베풀어지는 영의 공간에 머물 수도 있다는 점입니다. 즉 흙으로 지어진 몸이 영의 공간에 들어갈 수 있는 신령한 몸으로 변하는 것입니다.

하나님께서는 바로 천지 만물을 창조하신 권능으로 이 모든 일을 행하실 것입니다. 십자가에 못 박혀 죽으신 예수님 또한 이 권능으로 살리셨습니다. 그리고 부활하신 주님의 행적을 성경에 기록하심으로 신령한 부활체의 성질을 알게 하셨습니다. 성도들의 '부활'이 실제로 일어날 일임을 확실히 믿도록 증거를 보여 주신 것입니다.

부활을 믿을 수 있게 하는 권능의 역사에는 무엇이 있을까요?

하나님께서는 오늘날도 부활을 믿을 수 있도록 권능의 역사를 베풀고 계십니다. 예를 들어 3도 화상으로 완전히 익어버린 피부도 새롭게 만드시며, 완전히 죽어버린 신경도 살려 주셨지요. 수많은 사람이 시력과 청력을 회복하고, 심지어 호흡이 완전히 끊어지고 몸이 뻣뻣하게 굳은 사람도 살아났습니다. 이 외에도 도저히 의심할 수 없도록 분명한 증거들을 수없이 나타내셨습니다.

2. 부활은 하나님께서 우리에게 주신 '영광'을 나타냅니다

디모데전서 6장 16절에 "오직 그에게만 죽지 아니함이 있고 가까이 가지 못할 빛에 거하시고 아무 사람도 보지 못하였고 또 볼 수 없는 자시니 그에게 존귀와 영원한 능력을 돌릴지어다" 말씀했습니다.

하나님께서는 영의 공간에 거하시며 온 우주를 다스리시는, 영광을 받기에 합당한 분이십니다. 이 영광을 홀로 누리기보다 자녀들과 함께 누리기를 원하셨습니다. 그래서 영원히 죽지 않고 아름다운 빛의 공간에 거할 수 있도록 인간을 경작하시는 것입니다.

에덴동산이
하나님께서 우리에게
주시고자 하는 온전한
영광이었을까요?

우선 첫 사람 아담을 생령으로 지으시고 영의 공간 곧 에덴동산에 살게 하셨습니다. 하지만 그곳에서의 삶은 하나님께서 궁극적으로 주시고자 하는 온전한 영광은 아니었습니다. 하나님이 거하시는 빛의 공간에 아담이 함께 거하며 사랑을 나누기 원하셨지요.

생령 아담은 에덴동산에서 살 동안 상대성을 모르기 때문에 풍요로운 그곳의 삶이 얼마나 값지고, 행복한 것인지를 몰랐습니다. 하나님의 말씀에 불순종한 후 이 땅으로 쫓겨나 눈물, 슬픔, 질병, 고통을 겪어본 뒤에야 에덴동산에서의 삶이 얼마나 행복했는지 알게 되었습니다. 즉 상대성을 체험한 후에야 하나님 안에서 누리던 자유와 풍요가 얼마나 값진 것이었는지를 깨달았던 것입니다.

아담은 이처럼 범죄 후 상대성을 체험하고 하나님의 사랑을 아는 자녀로 나온 후에는 천국에서 영원히 행복을 누리게 되었습니다. 천국은 에덴동산과는 차원이 다른 곳입니다. 낙원, 1천층, 2천층, 3천층, 새 예루살렘으로 나뉘어 있으며 그 처소마다 영광이 다릅니다.

하나님께서 궁극적으로 우리에게 주시고자 하는 영광은 바로 새 예루살렘 성의 영광입니다.

우리를 가장 아름답고 영화로운 곳에 들이기 원하시기에 하나님께서는 독생자 예수님도 아끼지 않고 보내 주셨습니다. 그 결과 예수님의 보혈로 우리의 죄가 속량 되고 주님을 믿음으로 영원히 죽지 않게 되었습 니다. 설령 수명이 다해 죽어도 다시 사는 영광을 주셨습니다.

하나님께서 우리에게 궁극적으로 주시고자 하는 영광은 무엇일까요?

하나님께서는 우리가 이 땅에 사는 동안에도 이런 영광을 어느 정 도 누릴 수 있도록 축복해 주셨습니다. 우리가 빛 곧 진리 안에 거하 는 만큼 빛의 공간에서만 일어날 수 있는 일들을 깨닫게 하시고 체험 하게 하십니다. 또한 우리에게 하나님의 놀라운 능력을 나타내도록 역사하셔서 영광을 받으시기도 합니다.

이처럼 영광을 받으신 하나님께서는 어찌하든 자녀들과 함께 나 누기 원하십니다(요 13:32). 이 땅에서뿐만 아니라 장차 천국에서도 해와 같이 빛나는 영광의 자리에 거하기를 우리 자신보다 더 간절히 바라십니다.

3. 부활은 하나님의 크신 '사랑'을 나타냅니다

우리는 아름답고 영원한 천국에서 산다는 것을 감히 상상할 수 없 는 존재들이었습니다. 죄로 인해 영원히 꺼지지 않는 지옥불에 던져

질 운명이었지요. 그런데 하나님께서 예수님을 대신 사망에 내어 주심으로 우리가 천국에서 영원히 행복한 삶을 누리게 되었습니다.

하나님의 본체이신 예수님은 육을 입으실 이유도, 죽음을 겪으실 이유도 없었는데, 우리를 사망에서 건지시려고 모든 희생을 감수하셨습니다.

부활이
하나님의 크신
사랑임을 어떻게
알 수 있을까요?

십자가 위에서 처참한 죽음을 당하셨지만 죄가 전혀 없기에 하나님의 권능으로 다시 살아나셨습니다.

요한복음 11장 25~26절에 "예수께서 가라사대 나는 부활이요 생명이니 나를 믿는 자는 죽어도 살겠고 무릇 살아서 나를 믿는 자는 영원히 죽지 아니하리니 이것을 네가 믿느냐"고 말씀합니다.

그래서 예수님께서 '우리 몸이 죽지 않도록, 죽어도 다시 살도록' 대신 죽임을 당하셨습니다. 또한 부활하심으로 장차 신령한 몸을 입고 영원한 천국에 들어갈 것을 소망하게 하셨습니다.

이 모든 것은 아버지 하나님의 크신 사랑입니다. 우리의 더럽고 추한 죄들을 그 아들의 피로 깨끗이 씻겨 주시고, 참으로 위대하고 아름다우시며 선하신 하나님을 감히 아바 아버지라 부를 수 있도록 허락하셨습니다.

누구든지 믿음으로 구원받아 죄 사함을 받고 성령의 능력으로 아름다운 주님의 신부가 될 수 있도록 도와주시며 영원히 안식할 수 있는 천국 처소까지 예비하셨습니다.

장차 공중 강림하신 주님과 7년 혼인잔치가 있을 영의 공간과 우리가 영원히 살아갈 천국은 참으로 신비롭고 영화로운 곳입니다. 때가 되면 하나님께서는 우리를 신령한 몸으로 변화시켜 세마포를 입히시고 공중에서 7년 동안 혼인잔치를 하실 것입니다.

그 후 우리는 지상 재림하신 주님과 함께 이 땅에서 천 년 동안 왕노릇하다가 백보좌 대심판 후 정성껏 예비하신 천국의 처소로 들어가 삼위일체 하나님과 영원토록 사랑을 나누며 살아가게 됩니다.

이 사랑에 보답하려면 더 이상 주님을 십자가에 못 박는 일이 없어야 하며 거룩하고 아름다운 주님의 신부가 되기 위해 더욱 힘써야 합니다. 그리하여 주님께서 공중 강림하실 때에 가장 빛나는 부활체로 변화되어 그 품에 안길 수 있기 바랍니다.

Plus

'영적인 부활'과 '육적인 부활'의 차이는?

주님을 영접하여 마음에 성령을 선물로 받으면 죽었던 영이 살아나는데, 이것을 '영적인 부활'이라고 한다.

'육적인 부활'이란 주님이 공중 강림하실 때 구원받은 사람의 몸이 썩지 아니할 신령한 몸으로 변화하는 것을 말한다.

Chapter 25

영적인 어린아이

[어린이 주일]

단순하고 순수하며 교만하지 않은
영적인 어린아이가 되어
천국에서 큰 자로 인정받는 성도가 되게 한다.

읽을 말씀: 마태복음 18:1~4
… 그러므로 누구든지 이 어린 아이와 같이 자기를 낮추는 그이가
천국에서 큰 자니라

외울 말씀: 마태복음 18:3
가라사대 진실로 너희에게 이르노니 너희가 돌이켜 어린아이들과
같이 되지 아니하면 결단코 천국에 들어가지 못하리라

참고 말씀: 마태복음 23:12
누구든지 자기를 높이는 자는 낮아지고
누구든지 자기를 낮추는 자는 높아지리라

천국에서는 누가 큰 자인지 제자들이 예수님께 여쭈었습니다. 그러자 '너희가 어린아이들과 같이 되지 아니하면 결단코 천국에 들어가지 못한다'고 말씀하시며 '어린아이와 같이 자기를 낮추는 사람이 큰 자'라고 알려 주셨습니다.

영적으로 어린아이가 되어야 천국에서 큰 자가 될 수 있다는 것입니다. 하나님께서는 천진난만하고 세상 때가 묻지 않은 어린아이처럼 영적으로 순수하고 단순하며 겸손한 마음을 소유하기 원하십니다.

1. 영적인 어린아이의 특징

첫째로, 단순합니다.

어린아이들은 단순하기 때문에 쉽게 무엇에 잘 적응하고, 어떻게 가르치느냐에 따라 선하게도, 악하게도 변할 수 있습니다. 어른보다는 세상 때가 묻지 않고 자기 주관이 뚜렷하지 않으며 사고방식도 단순합니다. 마치 하얀 백지에 그림을 그려 넣는 것처럼 어린아이는 어른이 가르치는 대로 받아들입니다. "동생을 사랑해야 한다. 군것질을 많이 하면 안 된다."라고 가르치는 대로 '하라'는 것은 하고, '하지 말라'는 것은 하지 않습니다.

영적으로 단순하면 어떠한 행함이 따를까요?

이처럼 우리가 영적으로 어린아이가 되면 하나님 말씀을 들을 때 그대로 믿고 순종합니다. 믿음의 조상 아브라함은 어린아이처럼 단순했기 때문에 하나님 말씀대로 순종했습니다. 독자 이삭을 번제로 바치라 할 때도 어떤 이유를 대거나 변명하지 않았습니다. '이것이 내가 보기에 옳은 일인지, 나에게 유익이 되는지'를 따지지 않았습니다. 하나님께서 명하시니 반드시 선하신 뜻이 있는 줄 믿고 즉시 순종했습니다.

우리도 천국에서 큰 자가 되기 위해서는 세상 때가 묻지 않은 어린아이와 같이 단순하여 진리를 배우는 대로 믿고 들은 말씀을 그대로 순종할 수 있어야 합니다.

둘째로, 순수합니다.

어린아이는 어떤 생각이나 판단, 분별 능력이 전혀 없는 무 상태로 태어납니다. 자라면서 부모와 가족, 이웃과 친구를 통해 선과 악을 배우고 사리를 분별하게 됩니다. 어린아이들은 좋은 것을 얻으면 그 자체로 행복해하고, 슬프면 울고, 기쁘면 웃으며 순수하게 반응합니다. 잘못했을 때는 두려워하고 양심의 가책을 크게 받습니다.

반면 어른들은 세상 어둠에 물들어 순수함이 사라지니 죄를 범하면서도 양심의 가책을 느끼지 못하기도 합니다. 무엇이 옳고 그른 줄 배웠어도 악에 물들어 있기 때문에 잘못을 행하면서도 무감각합니다. 그러나 영적인 어린아이가 되면 어떻습니까?

선악 간에 민감하게 반응합니다. 선한 것을 보면 쉽게 감동받아 눈물을 흘리고 악한 것은 몸서리치도록 싫어하지요. 세상 사람은 악이라고 생각하지 않는 것도 진리의 사람은 하나님께서 악이라 하시면 몹시 싫어하고 어찌하든 버리려고 합니다. 오직 선한 것만 간절히 사모하며 미세한 죄악이라 해도 결코 용납하지 않습니다.

영적인
어린아이는
선악 간에
어떻게 반응할까요?

셋째로, 교만하지 않습니다.

어린아이들은 지식이 적고 힘이 약하기 때문에 어른들이 무엇을 가르쳐 주면 자기 생각을 내세우지 않고 그대로 믿습니다. 자신의 부족한 점을 숨기려 하지 않고 부모나 어른들에게 도움을 요청하며, 자존심을 내세우지 않고 스스로 높아지거나 인정받으려고 하지도 않습니다. 마찬가지로 영적인 어린아이는 하나님 말씀을 들을 때에 자신이 옳다고 주장하지 않습니다. 말씀이 자신의 지식과 맞지 않거나 이

해되지 않는다 해도 판단하거나 오해하지 않고 믿고 순종합니다.

예수님이 행하신 권능의 역사들을 믿고 순종한 사람들은 "이만한 권능을 행하는 분이라면 정녕 하나님의 사람이다."라고 여겼습니다.

영적인 어린아이는
하나님 말씀을
들을 때에
어떻게 반응할까요?

자신의 생각에 맞지 않아도 권능으로 하나님께서 함께하시는 것을 볼 때에 예수님의 말씀이 옳은 것을 겸손히 인정하였습니다.

영적인 어린아이는 하나님의 역사를 들을 때에 자존심을 내세우지 않고 자신도 체험하기를 사모합니다. 진리를 들으면 그대로 믿고 순종하며 겸손히 은혜를 구합니다. 하나님께서는 그런 사람에게 하나님의 놀라운 역사를 체험케 하십니다.

2. 영적인 어린아이가 되려면

첫째로, 불같은 기도와 말씀을 통해 죄악을 벗어 버려야 합니다.

요한일서 2장 16절에 "이는 세상에 있는 모든 것이 육신의 정욕과 안목의 정욕과 이생의 자랑이니 다 아버지께로 좇아온 것이 아니요 세상으로 좇아온 것이라" 말씀했습니다. 아담의 범죄 이후 이 세상은 어둠의 주관자인 원수 마귀에게 속하게 되었습니다. 사람들은 비진리를 보고 듣고 배우면서 마음이 죄악으로 물들어 갔고 교만, 혈기, 판단, 욕심, 시기 등 비진리로 마음이 더러워졌습니다.

따라서 디모데전서 4장 5절에 "하나님의 말씀과 기도로 거룩하여짐이니라" 말씀한 대로 불같은 기도와 하나님 말씀으로 죄악들을 벗어 버려야 합니다. 욕심과 자존심 그 밖의 모든 죄악들을 벗어 버리는 만큼 깨끗한 양심과 순수한 마음이 됩니다. 그럴 때 하나님 말씀을 듣는 대로 믿고 깨달으며 더 온전히 순종할 수 있습니다.

둘째로, 모든 이론과 생각을 파해야 합니다.

고린도후서 10장 5절에 "모든 이론을 파하며 하나님 아는 것을 대적하여 높아진 것을 다 파하고 모든 생각을 사로잡아 그리스도에게 복종케 하니" 말씀합니다.

자신이 알고 있는 것이나 옳다고 생각하는 것들이 하나님 말씀과 맞지 않을 때에는 무조건 버려야 합니다. 오직 하나님의 말씀만이 진리임을 믿고 하나님 뜻에 순종하는 것이 가장 우선이 되어야 하지요. 사람이 가진 대부분의 지식과 이론은 원수 마귀가 주관하는 세상으로부터 온 것으로 하나님 말씀과 일치하지 않기 때문입니다.

하나님 말씀과 내 생각이 맞지 않을 때 어떻게 해야 할까요?

요한일서 2장 15~16절에 "이 세상이나 세상에 있는 것들을 사랑치 말라 누구든지 세상을 사랑하면 아버지의 사랑이 그 속에 있지 아니하니 이는 세상에 있는 모든 것이 육신의 정욕과 안목의 정욕과 이생의 자랑이니 다 아버지께로 좇아온 것이 아니요 세상으로 좇아온 것이라"고

했습니다. 이 세상의 주관자가 원수 마귀이기 때문에 사람들은 태어나면서부터 진리가 아닌 것들을 생각에 담게 됩니다. 이렇게 세상에서 비진리 속에 성장했기 때문에 영적인 어린아이가 되기 위해서는 세상으로 좇아 온 것을 버려야 합니다.

왜 이 세상이나 세상에 있는 것들을 사랑치 말아야 할까요?

만일 자신이 가진 생각과 이론으로 하나님 말씀을 의심하고 부인하려 한다면 말씀 자체이신 하나님을 대적하는 것과 같습니다. 하나님 앞에 높아진 교만이지요. 자신의 생각과 이론을 동원하는 사람은 성령의 역사를 좇아 하나님 뜻대로 행하는 사람을 판단하고 정죄합니다.

마가복음 14장을 보면 한 여인이 예수님을 지극히 사랑하여 매우 값진 향유를 예수님 머리에 부어드립니다. 이것을 본 어떤 사람은 "이 향유를 삼백 데나리온 이상에 팔아 가난한 자들에게 줄 수 있었겠도다" 하며 못마땅히 여겼습니다.

이에 예수님께서는 마가복음 14장 8~9절에 "저가 힘을 다하여 내 몸에 향유를 부어 내 장사를 미리 준비하였느니라 내가 진실로 너희에게 이르노니 온 천하에 어디서든지 복음이 전파되는 곳에는 이 여자의 행한 일도 말하여 저를 기념하리라" 하셨습니다. 이 여인은 생각을 동원치 않고 선한 마음을 좇아 행했기에 예수님의 칭찬을 받고 길이 기억된 바 되었습니다.

반면에 자기의 생각과 이론을 동원하는 사람들은 하나님의 뜻에 합당하게 행하는 사람을 비난하고 육신의 생각을 버리지 않으므로 결국 사망의 길로 가게 됩니다. 그래서 로마서 8장 7절에 "육신의 생각은 하나님과 원수가 되나니 이는 하나님의 법에 굴복지 아니할 뿐 아니라 할 수도 없음이라" 말씀하신 것입니다.

영적인 어린아이가 되려면 불같은 기도 속에 하나님 말씀으로 무장하고 항상 자신의 생각과 말을 진리에 비춰 보아야 합니다. 나아가 육신의 생각을 버리고 모든 이론과 지식을 파하며 오직 영의 생각과 성령의 소욕을 좇기 위해 힘써야 합니다.

이처럼 철저히 자신을 부인하고 불같은 기도와 말씀 무장을 통하여, 날마다 하나님이 원하시는 영의 사람으로 변화되어 천국에서 큰 자라 인정받으시기 바랍니다.

Plus

'이론'이란?

지식을 바탕으로 경험이나 사고, 학습 등을 통해 스스로 정립시켜 놓은 논리를 말한다. 이론은 각 사람의 체험과 생각, 시대에 따라 달라지므로 변론을 낳으며 진리인 하나님 말씀과는 상반되는 경우가 많다.

Chapter 26

성령 강림과 초대교회

[성령 강림절]

초대교회처럼 모이기에 힘쓰며
성령의 충만함을 입고 불같이 기도하여
오직 말씀대로 행하는 성도가 되게 한다.

읽을 말씀: 사도행전 2:1~4
··· 홀연히 하늘로부터 급하고 강한 바람 같은 소리가 있어
저희 앉은 온 집에 가득하며 불의 혀같이 갈라지는 것이 저희에게
보여 각 사람 위에 임하여 있더니 ···

외울 말씀: 사도행전 2:38
베드로가 가로되 너희가 회개하여 각각 예수 그리스도의 이름으로
세례를 받고 죄 사함을 얻으라 그리하면 성령을 선물로 받으리니

참고 말씀: 사도행전 2:37~47
··· 하나님을 찬미하며 또 온 백성에게 칭송을 받으니
주께서 구원받는 사람을 날마다 더하게 하시니라

부활하신 주님께서는 제자들에게 나타나 다시 사
셨음을 증거하시고 "예루살렘을 떠나지 말고 내게 들은바 아버지의 약속
하신 것을 기다리라 요한은 물로 세례를 베풀었으나 너희는 몇 날이 못
되어 성령으로 세례를 받으리라"고 당부하셨습니다.

또한 승천을 앞두고는 "오직 성령이 너희에게 임하시면 너희가 권능
을 받고 예루살렘과 온 유대와 사마리아와 땅 끝까지 이르러 내 증인이
되리라"(행 1:8) 말씀하셨는데 과연 어떻게 되었을까요?

1. 성령 강림과 성령의 역사

부활하신 주님께서 승천하신 이후 120여 명의 제자들과 성도들은 마
가의 다락방에 모여 기도에 힘썼습니다. 오순절날 홀연히 하늘로부터 급
하고 강한 바람 같은 소리가 온 집에 가득하고 불의 혀처럼 갈라지는 것

이 각 사람 위에 임하여 저희가 다 성령의 충만함을 받고 성령이 말하게 하심을 따라 다른 방언으로 말하기 시작했습니다(행 2:1~4). 이것이 성령 강림의 시초로서 요엘 선지자가 예언한 대로 이루어진 것입니다(욜 2:28~29).

오순절에 성령 받은 사람들은 어떠한 체험을 했을까요?

그리하여 성령 받은 사람들은 각종 방언을 말함은 물론, 성령의 역사로 예언도 하고 환상도 보며 각종 은사를 받아 하나님의 나라와 의를 이루어 갑니다. 베드로를 비롯한 사도들은 성령을 받아 담대히 복음을 전하며 권능으로 살아 계신 하나님을 증거하였습니다. 그리하여 초대교회가 형성되었고 성도들은 사도들의 가르침을 따라 하나님 뜻대로 행하였습니다.

오늘날은 부활절 이후 50일이 되는 날, 곧 오순절을 성령 강림절로 지키고 있습니다. 누구든지 예수 그리스도를 영접하고 죄를 회개하면 성령을 선물로 주시고 하나님의 뜻대로 살아갈 수 있도록 도와주십니다(행 2:38). 성령의 능력을 힘입으면 하나님의 자녀 된 권세와 축복은 물론, 권능을 받아 땅끝까지 이르러 주님의 증인이 될 수 있습니다.

2. 교회의 형성과 초대교회

예수님께로부터 직접 가르침을 받은 제자들이 성령을 받고 권능을 받아 담대히 복음을 전하며 기사와 표적을 행하니 구원받는 사람이 날마

다 더해졌습니다. 그리하여 예루살렘에 성도들의 모임이 생겨났는데 이
것이 바로 교회의 시초이며 이를 초대교회라고 합니다.

초대교회는 구세주로 오신 예수님의 죽음과 부활, 승천을 목도한 제
자들이 기도에 힘쓰며 성령을 받고 권능을 받아 치리했기 때문에 교회
역사상 가장 하나님의 뜻에 합당한 교회라 할 수 있습니다. 그러면 예루
살렘에 세워진 초대교회의 특징을 구체적으로 살펴볼까요?

첫째로, 날마다 마음을 같이하여 성전에 모이기를 힘썼습니다.

사도행전 2장 46절을 보면 초대교회 성도들은 날마다 마음을 같이
하여 성전에 모이기를 힘썼다고 했습니다. 히브리서 10장 25절에도
"모이기를 폐하는 어떤 사람들의 습관과 같이 하지 말고 오직 권하여 그
날이 가까움을 볼수록 더욱 그리하자"고 말씀했으니 초대교회를 본받
아 날마다 마음을 같이하여 성전에 모이기에 더욱 힘써야 합니다.

하나님께서는 주일을 거룩하게 지키고 주일예배는 물론 수요예배,
금요철야예배, 새벽예배 등 각종 예배 및 기도회에 참석하며 성전에 모
이기 힘쓰는 성도들을 사랑하십니다.

성전에 모이면 예배를 통하여 하나님께
경배드릴 뿐 아니라, 하나님 말씀을 배워
하나님의 뜻을 깨닫고 기도함으로 세상을
이길 수 있는 믿음을 소유하여 하나님의 뜻
대로 행할 수 있기 때문입니다.

성도들이
성전에 모이기를
힘써야 하는 이유는
무엇일까요?

둘째로, 서로 교제하며 기도하기를 전혀 힘썼습니다.

사도행전 2장 42절을 보면 "저희가 사도의 가르침을 받아 서로 교제하며 떡을 떼며 기도하기를 전혀 힘쓰니라" 했습니다. 초대교회 성도들은 서로 교제했는데 주 안에서 곧 믿음의 형제들과 간증과 체험을 나누며 하나님께 영광을 돌리므로 더욱 믿음이 견고해졌습니다.

왜 기도에 힘쓰며 하나님과 교통을 해야 할까요?

다음으로 기도에 힘썼다 했습니다. 기도는 영혼의 호흡이며 응답의 열쇠이기 때문에 데살로니가전서 5장 17절에 "쉬지 말고 기도하라" 했습니다. 그리고 마태복음 7장 7절에는 "구하라 그러면 너희에게 주실 것이요" 말씀했고, 베드로전서 4장 7절에는 "만물의 마지막이 가까웠으니 그러므로 너희는 정신을 차리고 근신하여 기도하라"고 당부하셨습니다. 기도하지 않으면 세상과 죄악을 이길 힘이 없으므로 진리 안에 온전히 거하지 못하기 때문입니다.

우리도 초대교회와 같이 살아 계신 하나님과 기도로써 영적 교통을 하게 되면 하늘로부터 능력을 받습니다. 나아가 원수 마귀 사단을 이기고 진리 안에 살 수 있습니다. 뿐만 아니라 믿음이 성장하고 하늘나라에 소망을 두며 항상 기뻐할 수 있게 됩니다. 이처럼 하나님의 뜻대로 행하는 사람이 되니 질병이 틈타지 않고 늘 강건한 삶을 영위할 수 있는 것입니다.

셋째로, 서로 사랑하며 항상 기뻐했습니다.

사도행전 2장 44~47절을 보면 믿는 사람이 다 함께 있어 모든 물건을 서로 통용하고 또 재산과 소유를 팔아 각 사람의 필요에 따라 나눠 주었습니다. 또한 집에서 떡을 떼며 기쁨과 순전한 마음으로 음식을 먹고 하나님을 찬미하였지요.

예수님께서는 하나님을 사랑하고 이웃을 내 몸과 같이 사랑하는 것이 온 율법과 선지자의 강령이라 말씀하셨습니다(마 22:37~40). 초대교회 성도들은 이 말씀대로 하나님을 첫째로 사랑하고, 자기의 재산을 팔아서 가난한 사람에게 나누어 주고 자기의 유익을 구치 아니하며 행함과 진실함으로 사랑했던 것입니다.

> 우리가 항상
> 기뻐할 수 있는 까닭은
> 무엇일까요?

뿐만 아니라 초대교회 성도들은 항상 기뻐하며 하나님을 찬미했습니다. 아담의 불순종 이후 모든 사람은 멸망의 길로 가게 되었지만 누구든지 예수 그리스도를 영접하면 눈물, 고통, 슬픔, 질병, 사망이 없는 천국에서 영생복락을 누릴 수 있게 되었습니다. 이를 진정 믿는다면 초대교회 성도들처럼 어떠한 상황에서도 항상 기뻐하며 하나님을 찬미할 수 있습니다.

넷째로, 전도에 힘썼습니다.

사도행전 1장 8절에 "오직 성령이 너희에게 임하시면 너희가 권능을 받고 예루살렘과 온 유대와 사마리아와 땅 끝까지 이르러 내 증인이 되리라" 말씀했습니다. 로마서 10장 13절에는 "누구든지 주의 이름을 부르는 자는 구원을 얻으리라"고 했지요. 이처럼 하나님의 뜻은 만인을 구원하는 것이요, 이를 위하여 예수 그리스도께서 십자가를 지신 것입니다.

초대교회는 하나님의 뜻대로 그리스도의 향기를 발하며 전도하기에 힘썼습니다. 그래서 사도행전 2장 47절에 성도들이 온 백성에게 칭송을 받으므로 주께서 구원받는 사람을 날마다 더하게 하셨다고 말씀합니다. 우리도 하나님의 뜻을 이루기 위하여 사랑을 실천하며 하나님 말씀대로 행하는 사람이 되어 그리스도의 향기를 발해야 합니다. 그럴 때 세상의 빛과 소금의 역할을 감당하며 사람들의 칭찬을 받고 전도의 열매를 맺게 됩니다.

다섯째로, 기사와 표적이 많이 나타났습니다.

사도행전 2장 43절을 보면 사도들로 인하여 기사와 표적이 많이 나타났다고 했습니다. 사람의 마음이 강퍅해져 기사와 표적을 보지 못하면 도무지 믿지 않기 때문에(요 4:48) 예수님께서도 기사와 표적을 나타내시고 하나님의 말씀이 참임을 확증시켜 주셨습니다.

기사와 표적이 나타나야 하는 이유는 무엇일까요?

그러므로 오늘날도 예수님께서 행하셨던

기사와 표적이 많이 나타나야 합니다. 하나님의 살아 계심을 직접 체험하지 않고 중심에서 믿는 믿음을 갖는다는 것은 쉽지 않기에 하나님께서는 기사와 표적을 통하여 직접 보고 듣고 체험하여 확실한 믿음을 갖고 구원에 이르게 하십니다.

이처럼 초대교회는 모이기에 힘쓰며 성령의 충만함을 입고 서로 교제하고 불같이 기도하여 오직 하나님의 말씀대로 행했습니다. 또한 기사와 표적이 많이 나타나 날마다 구원받는 수가 더함으로 하나님께 큰 영광을 돌렸습니다. 따라서 모든 교회는 초대교회를 본받아 오직 하나님의 뜻대로 행하며 무수한 영혼을 구원의 길로 인도하고자 힘써야 할 것입니다.

Plus

'기사'란?
　하나님의 역사 가운데 천기를 움직이는 것으로 주로 기상 현상과 관계된다. 구름을 움직이고 비를 오게 하거나 멎게 하는 것, 천체를 움직이는 것 등이 이에 속한다.

'표적'이란?
　사람이 행할 수 있는 한계를 넘어 하나님의 능력이 나타나는 역사를 말한다. 즉 소경이 눈을 뜨고 벙어리가 말하며 들리지 않던 귀가 들리고, 앉은뱅이가 일어나는 등의 역사이다.

초판 1쇄 발행 1990년 4월 1일
    6쇄 발행 2000년 8월 30일
2판 1쇄 발행 2014년 12월 31일

___

지은이   이재록
발행인   빈성남
편집인   빈금선

___

발행처   우림북
영업부   02-837-7632, 070-8240-2072
팩 스   02-869-1537

___

등록번호   제 1-904호

___

___

값 10,000원

___

ISBN 978-89-7557-958-5
ISBN 978-89-7557-957-8(set)

⚜️ 우림

우림은 구약 시대에 대제사장이 하나님의 뜻을 묻기 위해 판결 흉패 안에 넣어 사용하던
도구 중의 하나이며, 히브리어로 '빛'이라는 의미가 있습니다(출애굽기 28:30).
빛은 곧 하나님 말씀이며 생명입니다.
우림북은 온 누리에 참 빛을 비추고자 오늘도 기도와 정성으로 무서선교 사역에 앞장서고 있습니다